THEORIE UNIVERSELLE

DE L'EVOLUTION ET DE L'ADAPTATION SOCIALE

LIVRE I

LA MATRICE DU CAPITAL

Roger Manuel Liñares Vazquez

Sommaire

« *La monnaie est devenue en vertu d'une convention, pour ainsi dire, un moyen d'échange pour ce qui nous fait défaut. C'est pourquoi on lui a donné le nom de* νομισμα, *parce qu'elle est d'institution, non pas naturelle, mais légale (*νομος *: loi), et qu'il est en notre pouvoir, soit de la changer, soit de décréter qu'elle ne servira plus.* »[1]

Aristote

[1] *Aristote Éthique de Nicomaque Livre V Chapitre V. Flammarion, Paris, 1992, p. 148*

ISBN-13: 978-1533618634

ISBN-10: 1533618631

2016

Introduction

Ayant l'honneur d'être le descendant d'une famille de mineurs de fond, j'ai eu le privilège de pouvoir les accompagner dans les entrailles du puits San Nicolás-Hunosa, situé à Ablaña dans la principauté des Asturies en Espagne. C'est le genre d'expérience qui vous donne la mesure exacte de toute la violence avec laquelle s'abat la puissance d'échange de la Valeur du Capital, sur des hommes qui, durant d'interminables années, sont conscients de prendre des risques incommensurables, à chaque seconde d'un travail extrême, et donc de la facilité avec laquelle ils peuvent échanger cette valeur contre une santé ruinée, un corps mutilé ou le sacrifice de leur vie [2]. Le propos de cet ouvrage ne vise donc pas à nier

---

[2] Journal, *La Nueva España* . *Año XXIII- Número 7.851. Oviedo, domingo, 6 de diciembre de 1959.*

(Traduction personnelle d'extraits d'un compte-rendu beaucoup plus long et détaillé.)

« NEUF MINNEURS MEURENT DANS LE PUITS SAN ANTONIO, DE MOREDA

À la suite de l'inondation d'une galerie par l'infiltration d'une nappe phréatique de plusieurs milliers de mètres cubes.

(De nos envoyés spéciaux Luis Alberto Cepeda y José Maria Tosal) »

« (…) hier s'est produit un gravissime accident qui a coûté la vie à neuf mineurs. Trois autres ont pu être sauvés après plusieurs heures de péril, l'un par ses propres moyens (Victor José Rodriguez de 31 ans) et les deux autres par les équipes formées de compagnons qui ont mené à bien la recherche. »

la valeur de tout travail humain en tant que force productive, ou l'importance de la valeur de l'œuvre de Karl Marx, ou encore de la pensée de tout autre chercheur; mais à démontrer – la science ne souffre aucune exception – que quelles que soient la nature et les qualifications de ces valeurs, elles sont rationnellement toujours économiquement inestimables[3].

« Il est impossible de savoir combien de kilomètres ils ont parcourus, mais au moins trois, comme indiqué, en s'agrippant aux tuyauteries et aux étais (…). Le parcours ne pouvait pas être plus difficile, par la manière dont il devait s'effectuer et aussi parce qu'ils étaient transis par l'eau glaciale. Ils ont dû se reposer, en se recroquevillant dans une petite cavité au sommet d'un cadre. À un moment, Liñares essaya d'encourager ses compagnons et ainsi de sa gorge sortit un chant de Galice, sa terre natale. »

« Finalement, ils ont pu avoir pied. Continuant à se mouvoir dans l'eau boueuse, ils sont arrivés devant un mur de briques qui condamnait le passage vers une galerie désaffectée. Là, avec des morceaux de bois, avec les mains, avec tout ce qu'ils pouvaient utiliser, ils sont parvenus, après d'épuisants efforts, à ouvrir un orifice. À travers lequel pu se glisser Victor José, le plus mince des trois, pour rejoindre en rampant sur plus de 20 mètres le deuxième étage et finalement l'air libre. Ici, à la superficie, l'attendaient les fermes embrassades et les larmes de sa famille et compagnons. »

« Pendant que se réalisaient les travaux de déblaiement ; dans le but d'arriver à l'endroit où se trouvaient les neufs mineurs supposés décédés, d'autres hommes ont suivi le chemin indiqué par Victor José. (…) finalement après quatre heures, l'équipe est remontée à la surface, avec Antonio José Herrero de 37 ans et Manuel Liñares Cajade de 24 ans. »

Les Neuf mineurs qui ont perdu la vie sont les suivants :

Juan Martinez Marto, de 26 ans, marié, deux enfants.
Mateo Carretero Blázquez, de 37 ans , marié.
Mariano Fernández Garcia, de 28 ans, marié.
Faustino Vicente Alvarez Alvarez, de 30 ans, marié, un enfant.
José Antelo Sánchez, de 20 ans, célibataire.
Severino Crespo Duro, de 35 ans, marié, deux enfants.
Jesús Trapiello Cordero, de 29 ans, marié, un enfant.
Jesús Suárez Rubiano, de 46 ans, marié, trois enfants.
Francisco Angel Sotorrios Gonzalez, de 49 ans, marié, deux enfants.

L'alternative irrationnelle – attendu que l'humanité existe depuis plusieurs centaines de milliers d'années et la monnaie seulement depuis l'Antiquité – étant de tenter de démontrer que tout peut être économiquement quantifiable.

Afin d' introduire précisément la problématique à résoudre – en l'occurrence dévoiler la forme concrète de la valeur générale d'échange (économique), permettant de comprendre la raison de la nécessité, pour une humanité rationnelle, d'abandonner définitivement une régulation économique, qu'elle devra remplacer par la régulation ancestrale, par répartition naturelle, des cultures dites « primitives » (et non d'un partage, qui suppose une possession et une division arbitraires) –, j'ai choisi d'énoncer les capitales questions que posent certaines contradictions relevées dans l'ouvrage de Jean-Marie Harribey, dont les réponses démontrent que la théorie de la valeur de Karl Marx, sur laquelle ces auteurs fondent toutes leurs analyses, est irrévocablement erronée et donc définitivement réfutée [4].

---

[3] *André Gorz. Capitalisme, Socialisme, Ecologie. Éditions Galilée.1991, p. 145*

« Les mouvements sociaux sont, certes, anti-technocratiques, c'est-à-dire comme le montre A.Touraine, dirigés contre l'hégémonie culturelle de la classe dominante, mais il n'attaquent la domination de celle-ci que dans ses fondements culturels et dans ses conséquences sociales, non dans sa base matérielle : sa matrice économique. »

[4] *Jean-Marie Harribey. LA RICHESSE LA VALEUR ET L'INESTIMABLE. Éditions Les liens qui libèrent. 2013, p. 109*

« Pour notre part, nous allons jusqu'à la version forte que nous tenons pour valide tant qu'elle n'aura pas été réfutée. »

« Le renversement de la charge de la preuve n'est pas une dérobade intellectuelle (...). »

Questions sur la valeur et le travail

• Attendu qu'un même mécanisme ne peut jamais générer une information et être à la fois le moyen identique permettant de transmettre cette information – dans le cas contraire, privés d'ondes électromagnétiques, nous serions plongés pour l'éternité dans les glaciales et obscures lumières des économistes –, le **travail** (de transformation ou social dépensé) est-il un **mécanisme** permettant de **créer** la valeur (qui fonde le système économique) ou s'agit-il simplement d'un **moyen** permettant de **transmettre** cette valeur ?

Le travail créateur de valeur :

*« (...) ; la version forte est de poser que **la valeur créée pendant une période a pour seule origine le travail social dépensé.** »*[5]

Le travail transmetteur de valeur :

*« Imaginons un détour de production...improductif : non seulement, un bien de production inutilisé ne sert à produire aucune valeur nouvelle, mais il perd lui-même sa propre **valeur** puisque celle-ci ne sera jamais **transmise** dans celle du produit final ; **transmise par** quoi ? Par le temps ? Non, par **le travail de transformation.** »*[6]

• Si l'on considère comme un : *« (...) contresens, à savoir l'utilisation du terme " travail" pour désigner la rotation des machines (...). »*[7], ne faut-il pas aussi considérer l'association

---

[5] *Ibid., p. 109*
[6] *Ibid., p. 109*
[7] *Ibid., p. 239*

des termes « *productivité du travail* » [8] comme inappropriée pour désigner la productivité des machines associée à celle des travailleurs, lorsque la production s'automatise ?

• Le contresens n'est-il pas de faire une analyse de la valeur en intégrant une distinction, qui – comme le démontrent : la théorie ici présentée; l'esclavage; le travail et le témoignage de Primo Lévi sur l'économie concentrationnaire – [9] n'a jamais fait partie du mécanisme « social » qui créa cette valeur, à une époque où le langage écrit et, a fortiori, la monnaie n'existaient pas ? Absence de distinction effective qui explique peut-être que, dans les phrases ci-dessous, la donnée « besoin en travailleurs, ou en main-d'oeuvre », soit erronément remplacée par « le besoin en travail » ; puisque, comme l'auteur le précise – « *De plus, l'excédent de produits ne provient pas d'un excédent de travail, mais justement de la même quantité d'un travail plus intense.* » – [10], la productivité ne modifie pas la quantité d'un travail, qui, de surcroît, ne peut pas être licencié...

« *L'augmentation considérable et inexorable de la productivité du travail est synonyme de (...) : la diminution progressive des besoins en travail pour produire (...).* »[11]

« *La diminution des besoins en travail et la montée du cours des actions à l'annonce de licenciements ne sont pas la preuve que le capital fait du profit sans travail, c'est la preuve qu'il répartit encore plus à son avantage le fruit d'un travail de plus en plus productif.* »[12]

« *Sans travail le capital est dévalorisé. Imaginons un cas inverse : automatisation généralisée de la production des biens de production et de celle des biens de consommation. La valeur de la production est alors nulle. Ce cas d'école est un cas*

---

[8] *Ibid., p. 62*
[9] *Primo Lévi « Si c'est un homme ». Pavillon, Robert Lafont.*
[10] *Jean-Marie Harribey, op.cit., p. 416*
[11] *Ibid., p. 242*
[12] *Ibid., p. 242*

limite, au sens mathématique du terme, plus la productivité du travail tend vers l'infini, plus les quantités produites deviennent grandes, mais plus la valeur tend vers zéro. »[13]

Par conséquent, le capital, ou plus exactement la valeur de la forme générale d'échange – qui, comme nous le démontrerons, transfère par le travail exclusivement humain sa valeur au capital – est dévalorisée, ou perd sa valeur, non pas, comme le pensent les économistes, « *sans travail* », ou suite à « *une augmentation de la productivité du travail* » provenant de l'automatisation de la production, mais lorsque le travail est réalisé avec moins de travailleurs, moins de main-d'œuvre ou sans travailleurs. Ceci explique l'apparente incompréhensibilité de la distinction faite par Karl Marx, entre une « *productivité* » qu'il faut, pour comprendre son raisonnement inconscient et découvrir le fondement de la valeur, associer au travail des machines et donc une « *intensité* » qui doit être associée au travail humain [14]. En effet, n'ayant pas scientifiquement défini les formes concrètes de la valeur particulière et de la valeur générale, il ne put en comprendre le mécanisme et donc expliquer clairement les causes réelles de leurs fluctuations.

Voici deux exemples de productions bien réelles : l'une utile ne possédant aucune valeur d'échange (en présence d'un « équivalent-général monétaire ») ; et l'autre inutile mais transférant une valeur d'échange (en l'absence d'un « équivalent-général monétaire »), qui démontrent par l'expérience, que le travail – effectué par des êtres humains ou

---

[13] *Ibid., p. 110*

[14] *Ibid., p. 62.* « *Marx n'a pas toujours établi de distinction claire entre productivité et intensité du travail. Ainsi il écrit: " Si sa productivité augmente, le travail rend dans le même temps plus de produits, mais non plus de valeur. Si son intensité croît, il rend dans le même temps plus de produits, mais aussi plus de valeur, parce que l'excédent de produits provient alors d'un excédent de travail." Cette Affirmation est source de confusions.* ». *Marx K. Le Capital. Livre I. Gallimard, La Pléiade, 1965, p. 1017*

des machines, et quelles que soient les conditions légales ou illégales – est un moyen qui ne génère aucune valeur d'échange ou économique.

– *« Selon une étude publiée par l' « Agence du don en nature » 600 millions d'Euros de produits neufs, non alimentaires, sont détruits chaque année en France. »*[15]

Primo Lévi a travaillé à la construction de l'usine de la Buna, qui n'a jamais rien produit.

– *« ...il s'agissait de chemises neuves provenant d'un transport de Hongrois arrivé trois jour plus tôt. La nouvelle a eu un effet immédiat. Tous les détenteurs d'une deuxième chemise volée ou obtenue par combine, ou même obtenue honnêtement achetée avec un morceau de pain – pour se protéger du froid ou pour placer leur capital en un moment de prospérité –, tous ceux-là se sont précipités à la bourse dans l'espoir d'arriver à temps pour échanger leur chemise de réserve contre des produits de consommation, avant que l'afflux des chemises neuves ou la certitude de leur arrivée ne dévalue irrémédiablement le prix de leur article. »*[16]

• Considérer qu'il existe une catégorie inestimable de valeurs utiles, ne suppose-t-il pas que l'on crée un précédent totalement irrationnel (et hors champ éthique, en privant un être humain de son intégrité physique et morale), en validant arbitrairement que la valeur utile d'une force naturelle est séparable de la valeur utile de sa source naturelle, par conséquent économiquement quantifiable et corvéable à merci ?

---

[15] *http://www.presse.ademe.fr/2014/04/don-en-nature.html*

[16] *Primo Lévi, op.cit., p. 132*

11

• Considérer qu'il est possible de séparer la force, nécessaire au travail, de sa source naturelle : l'homme, l'animal ou la machine, même pendant un temps déterminé, n'est-ce pas l'irrationalité amorale qui conduit des hommes à asservir leurs semblables, générant ainsi la valeur générale d'échange leur permettant de se servir arbitrairement, légalement ou illégalement, d'un sujet naturel – animal ou humain – comme d'une machine ?

« (...) : la première est quantifiable par le biais d'un équivalent-général monétaire et la seconde ne l'est pas. »[17]

Pour dévoiler la forme concrète de la valeur générale qui donna naissance au système économique capitaliste, il faut démontrer que l'asservissement des individus possède une valeur qu'ils transfèrent par leur travail à l'organisation sociale qui les asservit, au moyen d'une *loi de la valeur* qui transforme en valeur d'échange la valeur utile : d'une force inséparable de sa source *l'être humain*, d'un bien transformé en marchandise et de l'unité arithmétique transformée en monnaie; ce qui s'accorde exactement, bien qu'il n'en ait pas donné la forme concrète, ou scientifique, avec l'hypothèse de Karl Marx : « *Arrive donc l'idée centrale : la valeur est un rapport social.* »[18]. C'est pourquoi la solution d'un *« bornage strict de l'échange marchand »*, préconisé par Jean-Marie Harribey[19], sera, comme le bornage strict du travail légal, de la monnaie légale, ou de celui des droits de l'homme et de la protection de la nature, toujours contraint d'être transgressé par une humanité corrompue par la loi d'une valeur d'échange arbitraire, que nous allons maintenant rationnellement et définitivement définir.

---

[17] *Jean-Marie Harribey, op.cit., p. 422*
[18] *Ibid., p. 56*
[19] *Ibid., p. 344. 449*

Démonstration

Règle neuvième

« Il n'y a qu'un point sur lequel je ne puis trop insister, c'est que chacun se persuade bien fermement que ce n'est pas des choses grandes et difficiles, mais seulement des choses les plus simples et les plus faciles qu'il faut déduire les sciences même les plus cachées. »[20]

René Descartes

À ce jour, les scientifiques n'ont pas réussi à dévoiler l'inconnue sur laquelle se fonde le système économique capitaliste. En forme de démonstration, voici le résultat final de la recherche théorique et pratique sur la nature et les causes de la misère des nations.

------

[20] *René Descartes. Règles pour la direction de l'esprit. 1628.*
https://upload.wikimedia.org/wikisource/fr/a/ab/RDE.pdf

13

L'échange, l'unité arithmétique et le langage écrit

C'est au premier chapitre de son ouvrage *« Le Capital »* que Karl Marx se propose, à partir de l'analyse de la forme valeur particulière de la marchandise, de nous révéler l'énigme sur laquelle se fonde l'économie: la forme concrète de la valeur générale d'échange marchand, qui fut à l'origine de l'invention de la monnaie universelle d'échange, du développement de la production et du système économique capitaliste[21]. Pour illustrer son raisonnement, il utilise des exemples se composant *de chiffres, qui représentent les unités permettant de calculer un nombre, associés à des mots représentant les biens qui font l'objet d'une mesure de leur valeur particulière.*

« x marchandise A = y marchandise B, ou x marchandise A vaut y marchandise B. (20 mètres de toile = 1 habit, ou vingt mètres de toile ont la valeur d'un habit.) »[22]

---

[21] *Karl Marx, op.cit., Notes. p. 545. 546*

« L'économie politique classique n'a jamais réussi à déduire de son analyse de la marchandise, et spécialement de la valeur de cette marchandise, la forme sous laquelle elle devient valeur d'échange, et c'est là un de ses vices principaux. Ce sont précisément ses meilleurs représentants, tels qu'Adam Smith et Ricardo, qui traitent la forme valeur comme quelque chose d'indifférent ou n'ayant aucun rapport intime avec la nature de la marchandise elle-même. Ce n'est pas seulement parce que la valeur comme quantité absorbe leur attention. La raison en est plus profonde. La forme valeur du produit du travail est la forme la plus abstraite et la plus générale du mode de production actuel, qui acquiert par cela même un caractère historique, celui d'un mode particulier de production sociale. Si on commet l'erreur de la prendre pour la forme naturelle, éternelle, de toute production dans toute société, on perd nécessairement de vue le côté spécifique de la forme valeur, puis de la forme marchandise, et à un degré plus développé, de la forme argent, forme capital, etc. »

[22] *Ibid., p. 71*

Or, l'unité arithmétique et le langage écrit, comme la valeur d'échange, ne sont pas nés simultanément dans le but de créer le système économique capitaliste. Il est donc crucial de s'intéresser aux fonctions respectives de chaque moyen et donc aux conditions particulières de leurs inventions.

Si, quelle que soit l'époque, l'activité humaine transformée en travail est un *moyen* qui peut être considéré comme *commun* à la réalisation de tout objet transformé en marchandise ; il n'est pas, en revanche – contrairement à l'hypothèse de Adam Smith, reprise par David Ricardo et Karl Marx; pas plus que le temps de travail ou la rareté –, à l'origine de la formation de *la valeur particulière* de la marchandise, ni, a fortiori, de *la valeur générale* qui seule possède le pouvoir de transformer, d'une part un bien *à valeur d'usage* en marchandise *à valeur d'échange*, mais d'autre part et principalement l'activité humaine *à valeur d'usage* en travail *à valeur d'échange* [23]. Et cela pour plusieurs raisons fondamentales :

---

[23] *Adam Smith. Recherches sur la nature et les causes de la richesse des 'nations.*
http://classiques.uqac.ca/classiques/Smith_adam/richesse_des_nations_extrai ts/richesse_nations_extraits.pdf, .p. 27

«Ainsi, la valeur d'une denrée quelconque pour celui qui la possède et qui n'entend pas en user ou la consommer lui-même, mais qui a intention de l'échanger pour autre chose, est égale à la quantité de travail que cette denrée le met en état d'acheter ou de commander.
Le travail est donc la mesure réelle de la valeur échangeable de toute marchandise.»

David Ricardo. Des principes de l'économie politique et de l'impôt
http://classiques.uqac.ca/classiques/ricardo_david/principes_eco_pol/ricardo _principes_1.pdf, p. 9

«Les choses, une fois qu'elles sont reconnues utiles par elles-mêmes, tirent leur valeur échangeable de deux sources, de leur rareté, et de la quantité de travail nécessaire pour les acquérir. »

Karl Marx, op.cit., p. 70

*«De même que la marchandise doit avant tout être une utilité pour être une valeur, de même, **le travail doit être avant tout utile, pour être censé dépense de force humaine**, travail humain, dans le sens abstrait du mot. »*

Ibid., p. 60

*« **Le quelque chose de commun** qui se montre dans le rapport d'échange ou dans la valeur d'échange des marchandises est par conséquent leur valeur ; et une valeur d'usage, ou un article quelconque, **n'a une valeur qu'autant que du travail humain est matérialisé en lui.** »*

Joseph Schumpeter. Capitalisme, socialisme et démocratie .Payot 1961, p. 90

« Nul n'ignore que cette théorie de la valeur n'est pas satisfaisante. Certes, au long des abondantes discussions qui se sont poursuivies à son sujet, le bon droit n'a aucunement été l'apanage d'un seul parti et nombre d'arguments irrecevables ont été utilisés par ses adversaires. Le point essentiel n'est pas de savoir si le travail est la véritable « source » ou « cause » de la valeur économique. Une telle question peut présenter un intérêt primordial pour les philosophes sociaux qui désirent en inférer les droits éthiques à faire valoir sur le produit et Marx lui-même n'était, bien entendu, pas indifférent à cet aspect du problème. Toutefois, du point de vue de l'économie politique, en tant que science positive visant à décrire ou à expliquer des phénomènes concrets, il est beaucoup plus important de se demander comment la théorie de la valeur-travail joue son rôle d'instrument analytique : or, la véritable objection que l'on peut lui opposer, c'est qu'elle le joue très mal.
En premier lieu, la dite théorie n'est aucunement applicable, sinon dans le cas de la concurrence parfaite. En second lieu, même dans l'hypothèse de la concurrence parfaite, elle ne cadre jamais facilement avec les faits, à moins que le travail ne constitue le seul facteur de production et, en outre, qu'il soit absolument homogène. Si l'une de ces deux conditions n'est pas remplie, il est nécessaire d'introduire des hypothèses supplémentaires et les difficultés analytiques augmentent dans une mesure telle qu'il devient impossible de les surmonter. »

Ibid., p. 95

« La théorie de la valeur fondée sur le travail, même à supposer qu'elle soit valable pour toute autre marchandise, ne peut jamais être appliquée à la « marchandise » travail, car ceci impliquerait que les ouvriers puissent, comme les machines, être produits sur la base de calculs rationnels de prix de revient. »

1° Les inventions de l'unité et du calcul – moyens techniques sans lesquels aucune mesure n'est possible – ne peuvent pas précéder l'avènement de l'agriculture et de l'échange [24].

En effet, dans le cas contraire toutes les cultures – pour certaines qualifiées de « primitives » comme, par exemple, les Zoé d'Amazonie – auraient inventé l'unité arithmétique, à l'image de certaines communautés agricoles de tradition orale, comme, par exemple, la culture précolombienne Muisca de l'actuelle Colombie, dont les membres pratiquaient couramment l'échange de biens [25] ; mais, contrairement à ces

---

[24] Nécessitant une certaine organisation dans la gestion du temps des semis et des récoltes, il est aussi probable que l'agriculture ait provoqué l'invention de l'unité arithmétique à travers la nécessité de posséder un calendrier, comme le démontre peut-être celui de la culture de tradition orale des Hani du Yunnan.

[25] *http://www.banrepcultural.org/blaavirtual/historia/memov1/memov6.htm*

(Traduction personnelle)
« Le sel provenait des sources salées de Zipaquira et faisait l'objet d'un commerce important; il était acheminé vers les marchés voisins, dont le plus important était celui de Tocayman, en territoire Poincos, sur les rives de la rivière Magdalena et qui s'étendait de l'embouchure de la rivière Coello, jusqu' à Neiva. Là les Muisca échangeaient le sel, des émeraudes, des tissus peints et des bijoux en or contre cette poudre de métal, retiré des rivières ou des ruisseaux. »

« Les indiens de l'Altiplano comptaient sur les doigts : les chiffres étaient représentés par des noms : 1 ata ; 2 bosa… Le nombre 20 était nommé : gueta. Lorsqu'ils avaient fini de compter sur les doigts de la main, ils continuaient avec les orteils en plaçant le nom "quihicha" (pied) devant le chiffre, comme ceci : quihicha ata; quihicha bota… »

« La sal provenía de las fuentes saladas de Zipaquirá y era objeto de un comercio importante; se le transportaba a los mercados vecinos, de los cuales el más importante era el de Tocaima, en territorio de los poincos, en las orillas del río Magdalena y que se extendía de la desembocadura del río Coello, hasta Neiva. Allí los muiscas cambiaban sal, esmeraldas, telas pintadas y joyas de oro contra ese metal en polvo, sacado de los ríos o de riachuelos. »

derniers, la régulation énergétique des communautés dites « primitives » se fait exclusivement par répartition du produit de la chasse et de la cueillette. Nous connaissons tous le mode ancestral de régulation énergétique par répartition, puisqu'il s'agit de celui qui prévaut au sein de nos familles respectives; comme par ailleurs la régulation par échange qui règne au sein de la cité, en dehors de nos cellules familiales.

2° L'invention du langage écrit (l'écriture) – moyen technique sans lequel aucune administration ni aucune mesure monétaire des valeurs échangées n'est possible – ne peut pas précéder la création de la forme valeur générale d'échange, attendu qu'il fut inventé pour représenter et permettre la mesure des valeurs marchandes des biens échangés.

En effet, dans le cas contraire toutes les cultures de tradition orale – pratiquant habituellement l'échange de biens, et qui, comme les Muisca, utilisaient l'unité arithmétique – auraient inventé le langage écrit, et valorisé leur unité arithmétique pour en faire une monnaie économique, à l'image des Sumériens qui rédigeaient des contrats de ventes, ou des Lydiens qui inventèrent la pièce de monnaie économique (la matérialisation de l'unité arithmétique valorisée).

Nous reviendrons plus précisément sur le traitement cérébral de l'information dans le Livre III, mais pour l'instant il est important de se rappeler que la première fonction technique de la représentation sensorielle (visuelle, sonore,...), ou scripturale, est de doubler l'information.

« Los indios del altiplano contaban con los dedos: los números tenían nombres (hasta diez): 1 ata ; 2 bosa... El 20 tenía una palabra: gueta. Cuando habían terminado de contar con los dedos de la mano, continuaban con los de los pies, colocando la palabra "quihicha" (pie) antes del número, así : quihicha ata; quihicha bota... »

L'unité – qui, à l'origine, est une représentation sonore d'un objet en tant qu'unité –, étant reproductible à l'infini, permet le développement du calcul nécessaire à l'invention de l'unité arithmétique et donc des chiffres, sans lesquels il est impossible de calculer un nombre d'objets. Néanmoins – bien que l'on ignore encore quelle est la forme concrète de la valeur générale –, pour permettre la mesure concrète de la valeur d'échange et particulière d'un objet transformé en marchandise, l'unité arithmétique doit bien évidemment être associée à l'objet dans une représentation différenciée de l'objet en tant qu'unité, mais la valeur d'échange particulière doit être matérialisée, ce que va permettre l'invention du langage écrit qui nécessite un support physique. En effet, sans écriture il est totalement impossible de représenter, de matérialiser et de mesurer la valeur marchande, des multiples valeurs échangées, indispensable à l'essor d'une économie de marché et du système économique capitaliste.

« 20 mètres de toile = 2 livres sterling. » [26]

Maintenant que nous avons précisément rappelé les fonctions des moyens permettant de représenter, de matérialiser et de mesurer la valeur d'échange de toutes les formes de marchandises, il ne nous reste plus qu'à résoudre la principale énigme des sciences économiques : matérialiser une inconnue en découvrant *le rapport social* et donc *la forme concrète de la valeur générale d'échange*, qui génère toutes les valeurs particulières des marchandises et sans laquelle il n'existerait pas de système économique capitaliste [27].

---

[26] *Karl Marx, op.cit., p. 98*

[27] *Simone Weil (1909-1943). Réflexions sur les causes de la liberté et de l'oppression sociale (1934). Paris: Éditions Gallimard, 1955, p. 29*

«Surtout Marx omet d'expliquer pourquoi l'oppression est invincible aussi longtemps qu'elle est utile, pourquoi les opprimés en révolte n'ont jamais réussi à fonder une société non oppressive, soit sur la base des forces productives de leur époque, soit même au prix d'une régression économique

3° La nature et l'objet de l'échange sont les inconnues, qui génèrent la valeur générale d'échange, déterminant toutes les valeurs marchandes particulières.

En effet, pour qu'une organisation sociale agricole de tradition orale, pratiquant habituellement l'échange de biens, évolue vers une culture scripturale, ou ajoute l'invention de l'écriture à celle de l'unité arithmétique – association indispensable à la représentation, à la matérialisation et à la mesure de la valeur particulière –, il suffit de bouleverser les rapports sociaux, en modifiant une régulation énergétique par un changement de la nature et de l'objet de l'échange; permettant de créer le mode de régulation propre à l'apparition de la valeur générale d'échange, qui seule possède le pouvoir de transformer la force physique *à valeur d'usage* – commune aux Zoé, aux Muisca, aux Sumériens ou aux Lydiens, bref aux êtres humains – en force physique de travail *à valeur d'échange*.

Contrairement aux marchandises des Lydiens, le sel que les Muisca échangeaient contre de l'or, comme les exceptionnels objets en or qu'ils confectionnaient et principalement la force physique qu'ils dépensaient à leur réalisation, ne possédaient aucune valeur d'échange marchand ou économique. Raison suffisante et pour laquelle, les Muisca, comme les Hani de la province du Yunnan en Chine – dont les rizières en terrasse du Honghe, ont été classées par l'UNESCO au patrimoine

---

qui pouvait difficilement accroître leur misère ; et enfin il laisse tout à fait dans l'ombre les principes généraux du mécanisme par lequel une forme déterminée d'oppression est remplacée par une autre. Bien plus, non seulement les marxistes n'ont résolu aucun de ces problèmes, mais ils n'ont même pas cru devoir les formuler. »

https://fr.wikipedia.org/wiki/La_Formation_de_l%27esprit_scientifique
Gaston Bachelard (1934) La formation de l'esprit scientifique, p. 14.

« Nous n'hésiterons donc pas à inscrire au compte de l'erreur - ou de l'inutilité spirituelle, ce qui n'est pas loin d'être la même chose - toute vérité qui n'est pas la pièce d'un système général, toute expérience, même juste, dont l'affirmation reste sans lien avec une méthode d'expérimentation générale, toute observation qui, pour réelle et positive qu'elle soit, est annoncée dans une fausse perspective de vérification. »

mondiale de l'humanité –, n'ont jamais ressenti le besoin d' inventer le moyen permettant de mesurer une valeur singulière qu'ils n'ont jamais créée, et, par conséquent, qu'ils n'ont jamais dû matérialiser en rédigeant, par exemple, un contrat de vente ou un titre de propriété; de la même manière que les Zoé n'ont jamais ressenti le besoin d'inventer l'unité arithmétique nécessaire au calcul d'un nombre de biens, qu'ils n'ont jamais eu de raison d' échanger [28].

4° Le travail réalisé – ne pouvant pas être à la fois le moyen identique permettant de générer et de transmettre la valeur d'échange ; possédant une valeur d'usage distincte de sa potentielle valeur d'échange ; ne pouvant pas disparaître en perdant sa valeur d'échange ou même d'usage (à moins de détruire toutes les réalisations humaines) ; ne provoquant aucun échange et ne générant par conséquent aucune valeur d'échange – n'est ni « la substance», ni « la mesure inhérente des valeurs » [29].

---

[28]

Groupe social	Principale activité de subsistance	Régulation énergétique	Nature et objet de l'échange	Valeur	Moyen technique de calcul	Culture de tradition
Zoé	Chasse et cueillette	Répartition	-------	D'usage	-------	Orale
Hani	Agriculture	Répartition et échange	?	D'usage	Unité arithmétique	Orale
Lydien	Agriculture	Répartition et échange	?	D'usage et d'échange marchand ou économique	Unité arithmétique et écriture	Scripturale

[29] N'ayant pas découvert « la substance » ou la forme concrète de la valeur générale d'échange, mais convaincu sans la moindre démonstration rationnelle qu'il s'agit du travail, Karl Marx est contraint de formuler une

C'est pourquoi – comme paradoxalement Karl Marx le rappelle, notamment en citant Darwin qui parle d'un processus exclusivement naturel –, le travail abstrait, commun ou social, ne constitue qu'un simple moyen particulier, légal ou illégal, mis au service de la forme concrète de la valeur générale [30]. En effet, contrairement aux biens transformés en marchandises – au sein desquelles se matérialise la forme travail commun –, et aux différentes fonctions sociales exercées par les êtres humains – au sein desquels siège la force physique nécessaire au travail–, la forme générale d'échange, comme nous le démontrerons, disparaît avec la perte de sa valeur, puisqu'elle seule détient le pouvoir de valoriser, en ce compris elle-même, et cela avant même que du travail ne soit matérialisé dans la réalisation d'un quelconque objet, ou que naisse l'échange de biens transformés en marchandises ; parce que – contrairement au travailleur transformé en chômeur – en perdant sa fonction, qui constitue sa seule valeur, la forme concrète de la valeur générale d'échange perd aussi toute existence [31].

---

contradiction. En effet, **ce qui ne provoque aucun échange ne possède ni ne crée aucune valeur d'échange,** et ne peut donc pas être la « substance » qui génère la valeur générale d'échange, ni, a fortiori, la valeur particulière d'échange.

Karl Marx, op.cit., p. 45

«Le travail est la substance et la mesure inhérente des valeurs, mais il n'a lui-même aucune valeur. »

[30] *Ibid., p. 414*

« Le machinisme, à quelques exceptions près que nous mentionnerons plus tard, ne fonctionne qu'au moyen d'un travail socialisé ou commun. »

Ibid., p. 628. Note 4

« Darwin a attiré l'attention sur l'histoire de la technologie naturelle, c'est-à-dire sur la formation des organes des plantes et des animaux considérés comme moyens de production pour leur vie. ».

[31] *Ibid., p. 44. 45*

Ce qui semble aussi paradoxal, c'est que Adam Smith aurait pu découvrir la forme concrète de la valeur générale d'échange, attendu qu'il savait que la richesse ou le pouvoir économique relève d'un droit. En effet, ce droit singulier peut disparaître en perdant sa valeur d'usage, puisqu'il s'agit de la matérialisation d'une idée, dont l'existence – comme la valeur potentielle de toutes les idées – dépend exclusivement de l'usage de la fonction qu'on lui donne. Un droit singulier qui, à mon sens, constitue le premier droit arbitraire devenu légal et, en tout cas, ce qu'ignore le législateur, la source première du droit [32]. En

---

«*Ce qui sur le marché fait directement vis-à-vis au capitaliste, ce n'est pas le travail, mais le travailleur. Ce que celui-ci vend, c'est lui-même, sa force de travail. Dès qu'il commence à mettre cette force en mouvement, à travailler, or, dès que son travail existe, ce travail a déjà cessé de lui appartenir et ne peut plus désormais être vendu par lui.*»

Le travail réalisé, dans sa forme abstraite (ou concrète), n'est qu'un moyen qui peut recevoir une valeur d'échange, la transmettre, ou la perdre, mais jamais la créer; en effet, en perdant sa valeur d'échange, le travail n'entraîne jamais sa propre disparition puisque sa valeur d'usage est distincte de sa potentielle valeur d'échange.

[32] *Adam Smith, op. cit., p. 28*

« *(...); c'est un droit de commandement sur tout le travail d'autrui, ou sur tout le produit de ce travail existant alors au marché. Sa fortune est plus ou moins grande exactement en proportion de l'étendue de ce pouvoir, en proportion de la quantité du travail d'autrui qu'elle le met en état de commander, ou, ce qui est la même chose, du produit du travail d'autrui qu'elle le met en état d'acheter. La valeur échangeable d'une chose quelconque doit nécessairement toujours être précisément égale à la quantité de cette sorte de pouvoir qu'elle transmet à celui qui la possède.* »

L'erreur de Adam Smith, qui est aussi celle de ses homologues, fut de chercher à définir la forme concrète de la valeur générale d'échange à partir d'une forme matérielle, alors qu'il fallait la rechercher dans une forme abstraite ultérieurement matérialisée: une idée dont la seule valeur utile est, en l'occurrence, sa valeur d'échange. En effet, contrairement aux formes matérielles, les formes abstraites ou les idées, par définition immatérielles, peuvent cesser d'exister en perdant simplement leur fonction. Karl Marx en était conscient, mais, étant dans l'incapacité à la déterminer, il contourna le problème en transformant une forme concrète en forme abstraite, et la nomma : le travail abstrait.

effet, contrairement au travail, dont la valeur d'usage se différencie de sa potentielle valeur d'échange, en perdant leur valeur économique certains droits disparaissent puisqu'ils perdent aussi leur valeur d'usage. Le droit au travail, par exemple, qui fait l'objet de l'article 23 de la Déclaration universelle des droits de l'homme, est un droit dont plus de 23 millions d'européens ont perdu l'usage [33].

Contrairement à la force physique et au travail réalisé (dont les valeurs d'usages peuvent se différencier de leurs potentielles valeurs d'échanges, puisqu'il s'agit d'informations concrètes), l'idée, par définition abstraite – mais néanmoins constituée de mots, dont l'essence matérielle est malgré tout la cellule organique –, qui donna naissance à l'économie capitaliste, peut disparaître en perdant sa fonction, et donc sa valeur d'échange, qui constitue, comme pour la monnaie (sa forme particulière), aussi sa seule valeur d'usage.

Karl Marx, op.cit., p. 83

« Dans l'expression de la valeur d'une marchandise, le corps de l'équivalent figure toujours comme matérialisation du travail humain abstrait, et est toujours le produit d'un travail particulier, concret et utile. Ce travail concret ne sert donc ici qu'à exprimer du travail abstrait. ».

[33] *http://ec.europa.eu/eurostat/documents/2995521/6862112/3-03062015-BP-FR.pdf*
Eurostat communiqué de presse euro indicateurs

92/2015- 3 juin 2015
Avril 2015
Le taux de chômage à 11,1% dans la zone euro.
À 9,7% dans l'UE28
«Eurostat estime qu'en avril 2015, 23,504 millions d'hommes et de femmes étaient au chômage dans l'UE28, dont 17,846 millions dans la zone euro. Par rapport à mars 2015, le nombre de chômeurs a diminué de 126 000 dans l'UE28 et de 130 000 dans la zone euro. Comparé à avril 2014, le chômage a baissé de 1,545 million de personnes dans l'UE28 et de 849 000 dans la zone euro. »

Attendu que la force physique humaine, nécessaire à la satisfaction des besoins physiologiques, est antérieure à la naissance de la valeur marchande et commune à toutes les formes d'organisations sociales, c'est exclusivement *la forme générale d'échange* qui possède le pouvoir de créer la valeur marchande, en investissant tout d'abord la force physique, nécessaire à toute activité humaine, pour la transformer en une marchandise possédant une valeur particulière d'échange : *la force physique de travail* ; sans quoi l'association de l'unité arithmétique au langage écrit, indispensable à la mesure particulière de sa valeur marchande, serait sans objet. En effet, dans le cas contraire: disposant d'une force physique commune, de corps, de cerveaux, exerçant différentes activités au sein d'une organisation sociale et pratiquant pour certaines l'échange, les différentes cultures de tradition orale auraient aussi inventé le langage écrit, sans lequel il est impossible de matérialiser et de mesurer la valeur marchande *d'une force physique, que l'ensemble des cultures de tradition orale n'ont jamais été contraintes d' échanger* [34]; aucune production ne

---

[34]C'est la nature contrainte de l'échange de la force physique, dont nous allons définir concrètement le droit arbitraire, qui génère la valeur générale d'échange et a fortiori les valeurs particulières.

Karl Marx, op.cit., p. 115. 116

« *Pour que l'aliénation soit réciproque, il faut tout simplement que des hommes se rapportent les uns aux autres, par une reconnaissance tacite, comme propriétaires privés de ces choses aliénables et, par là même, comme personnes indépendantes. Cependant, un tel rapport d'indépendance réciproque n'existe pas encore pour les membres d'une communauté primitive, quelle que soit sa forme, famille patriarcale, communauté indienne, Etat inca comme au Pérou, etc. L'échange des marchandises commence là où les communautés finissent, à leurs points de contact avec des communautés étrangères ou avec des membres de ces dernières communautés. Dès que les choses sont une fois devenues des marchandises dans la vie commune avec l'étranger, elles le deviennent également par contrecoup dans la vie commune intérieure.* »

pourrait être transformée en marchandise ; aucun chiffre ne pourrait être valorisé et devenir une monnaie d'échange universelle de valeurs particulières ; aucune force de travail ne pourrait jamais transformer un homme libre en esclave, ou perdre sa valeur marchande et contraindre le travailleur à se transformer en chômeur [35], ou, une entreprise à ruiner le travail contenu dans la production qu'elle destine à la destruction, ou encore à l'anéantissement de la vie ; et cela en dépit de besoins bafoués, provenant des travailleurs sous-payés et de l'excédent

---

[35] *Ibid., p. 231*

*« On voit ici d'une manière frappante qu'**un moyen de production ne transmet jamais au produit plus de valeur qu'il n'en perd lui-même** par son dépérissement dans le cours du travail. S'il n'avait aucune valeur à perdre, c'est-à-dire s'il n'était pas lui-même un produit du travail humain, il ne pourrait transférer au produit aucune valeur. Il servirait à former des objets usuels sans servir à former des valeurs. C'est le cas qui se présente avec tous les moyens de production que fournit la nature, sans que l'homme y soit pour rien, avec la terre, l'eau, le vent, le fer dans la veine métallique, le bois dans la forêt primitive, et ainsi de suite. »*

Ibid., Section IV, p. 518. 519

*« Nous avons vu que cette contradiction absolue entre les nécessités techniques de la grande industrie et les caractères sociaux qu'elle revêt sous le régime capitaliste, finit par détruire toutes les garanties de vie du travailleur, **toujours menacé de se voir retirer avec le moyen de travail** les moyens d'existence **et d'être rendu lui-même superflu** par la suppression de sa fonction parcellaire; nous savons aussi que cet antagonisme fait naître la monstruosité d'une armée industrielle de réserve, tenue dans la misère afin d'être toujours disponible pour la demande capitaliste; qu'il aboutit aux hécatombes périodiques de la classe ouvrière, à la dilapidation la plus effrénée des forces de travail et aux ravages de l'anarchie sociale, qui fait de chaque progrès économique une calamité publique. »*

Ibid., Section V, p. 9

*«En étudiant le procès de travail sous son aspect le plus simple, commun à toutes ses formes historiques, comme acte qui se passe entre l'homme et la nature, nous avons vu, que « si l'on considère l'ensemble de ce mouvement au point de vue de son résultat, du produit, moyen et objet de travail se présentent tous les deux, comme **moyens de production**, et le travail lui-même comme* **travail productif** *».*

d'individus économiquement inutiles. Ce que nous appelons vulgairement une *crise économique,* paradoxalement aggravée par l'évolution technique, et donc par l'amélioration de la productivité, résulte d'un *rapport social arbitraire* qui – privant tout individu de son émancipation physique et morale – s'oppose à la régulation naturelle et rationnelle par un renversement des moyens culturels et de la fin naturelle, puisqu'il transforme l'abondance de biens en cause vicieuse de misères économiques abjectes: chute de la croissance contrainte, augmentation de l'épargne de protection, du chômage, de la pauvreté, des dépenses publiques qui minent les objectifs fixés par les critères économiques de convergence; mais il est aussi, tous conflits confondus, la cause universelle de toutes les transgressions et de tout le sang versé par la civilisation [36]. Bref, si la forme générale d'échange venait à

---

[36] En 2008, l'Espagne a été le théâtre de l'éclatement d'une bulle immobilière provoquant une explosion du chômage. Il s'en suivit une vague de suicides provoqués par les saisies de logements dont les emprunts ne pouvaient plus être remboursés, alors que dans le même temps des milliers de logements neufs restaient inoccupés.

N'ayant aucune connaissance scientifique leur permettant de comprendre pourquoi nous en sommes arrivés là, des leaders politiques et religieux, nourris aux idéologies éculées, incapables de résoudre des conflits d'intérêts exclusivement énergétiques et navigant à l'aveugle, en sont finalement réduits, pour conquérir le pouvoir, à radicaliser des courants idéologiques ; exacerbant, sans aucun discernement, les différences culturelles et les conflits d'intérêt, d'individus qui ignorent la matrice économique qui les prive de leur émancipation naturelle, en les opposant dans une compétition planétaire, où l'addiction culturelle, aux pouvoirs politiques et économiques, est institutionnalisée.

Hannah Arendt. Édition du Seuil. Le système totalitaire. Les origines du totalitarisme. Une société sans classes. Points. Essais.1972. p. 55

« En réalité, les masses se développèrent à partir des fragments d'une société hautement atomisée, dont la structure compétitive et la solitude individuelle qui en résulte n'étaient limitées que par l'appartenance à une classe. La principale caractéristique de l'homme de masse n'est pas la brutalité et l'arriération, mais l'isolement et le manque de rapports sociaux normaux.

perdre sa fonction arbitraire qui constitue sa seule valeur, elle entraînerait la mort instantanée du système économique capitaliste; ce qui permettrait de vérifier, par l'expérience générale, la théorie sur « la matrice du capital ».

Conditions préalables au changement de culture[37]

Comme l'avait pressenti Karl Marx – sans pouvoir le démontrer, ce qui l'empêcha de donner à la forme valeur générale d'échange, ou à *« ce quelque chose de commun »*, une définition incontestable et conforme au principe général qui détermine tout principe particulier) –, *la forme valeur particulière d'échange est générée par la forme valeur générale d'échange*[38]. Une abstraction générale, qui fut à l'origine d' une

---

Ces masses provenant de la société de classes de l'État-nation, criblée de fissures que cimentait le sentiment de nationalisme : il était normal que, dans leur désarroi initial, elles aient penché vers un nationalisme particulièrement violent, auquel les leaders des masses ont cédé, contre leurs propres instincts et leurs propres objectifs, pour des raisons purement démagogiques. »

[37] *Freud, S. (1926) : Le malaise dans la culture, Œuvres complètes, Presses universitaires de France (1999) Vol. XVIII, p. 309*

« Et c'est pourquoi le développement de la culture doit être, sans plus de détours, qualifié de combat vital de l'espèce humaine. Vraisemblablement, pour être plus précis : tel qu'il a dû prendre forme à partir d'un certain évènement qui reste encore à deviner. »

[38]*Karl Marx. Section I, op.cit., p. 59*

« Ce quelque chose de commun ne peut être une propriété naturelle quelconque, géométrique, physique, chimique, etc., des marchandises. Leurs qualités naturelles n'entrent en considération qu'autant qu'elles leur donnent une utilité qui en fait des valeurs d'usage. Mais, d'un autre côté, il est évident que l'on fait abstraction de la valeur d'usage des marchandises quand on les

condition sociale arbitraire, effacée des mémoires par la perpétuelle évolution d'une matérialisation économique, juridique, politique, technique et scientifique, mise au service d'une valeur générale d'échange; dont le mécanisme – que l'humanité créa de manière inconsciente et dont elle ignore par conséquent le fondement – s'apparente à celui d'un astre solaire, qui, s'il n'est pas désintégré par une pensée rationnelle et commune, s'éteindra lorsqu'il aura anéanti toute l'énergie, dont se nourrit la Matrice du Capital, en l'occurrence *l'espèce humaine*.

L'objet de la théorie n'est donc pas consacré à l'analyse des mouvements et des conflits sociaux, ou à l'étude des inhumaines conditions de vie des populations qui, dans l'actualité, souffrent des plus fortes pressions économiques, ni même aux moyens mis en oeuvre par celles qui, démocratiquement élues, sont en charge de régler le problème ; mais, conformément au principe général de l'évolution, à l'identification des modifications énergétiques et psychologiques, survenues au Mésolithique, qui ont engendré *le déséquilibre énergétique permanent* à l'origine de l'organisation antique d'un *pouvoir totalitaire – qui contraint à l'échange arbitraire de l'énergie* – et de la perpétuelle *évolution*

échange et que tout rapport d'échange est même caractérisé par cette abstraction. »

Ibid. Section III. p. 244

« *Les différentes formes économiques revêtues par la société, l'esclavage, par exemple, et le salariat, ne se distinguent que par le mode dont ce surtravail est imposé et extorqué au producteur immédiat, à l'ouvrier.* »

L'idée, quels que soient le domaine et la qualité qu'on lui attribue, est une représentation abstraite personnelle, invariablement et totalement impossible de comprendre ; contrairement à sa démonstration rationnelle et à sa matérialisation, qui seules peuvent détruire l'idée. Il n'y a que dans le domaine des arts où il est possible, et souvent souhaitable, que la matérialisation d'une idée reste éternellement incompréhensible.

sociale. En effet, ce qui évolue n'est pas adapté et ce quel que soit le niveau atteint par le développement culturel, technique ou scientifique.

Principe général de l'évolution :

« Toute évolution implique un déséquilibre énergétique générant une modification proportionnelle de l'état de l'information. »

Ce principe universel est simple mais essentiel parce qu'il détermine le changement particulier de toute information. Il est à l'origine: de la création de l'univers, de l'apparition de la vie, des espèces, de la pensée consciente, du changement de culture, de tous les cataclysmes naturels et conflits humains; parce qu'il est commun à toutes les évolutions et à toutes les sciences dont l'essence est constituée de tout ou partie des éléments composant le tableau périodique de Mendeleïev.

Les traces de violences corporelles que l'on retrouve décrites et datées de la fin du Paléolithique, dans l'ouvrage de *Marylène Patou-Mathis* [39], constituent les preuves scientifiques de l'avènement, relativement récent, de l'utilisation irrationnelle d'une pensée qui fut à l'origine de la « Discorde », qui règne au sein de l'espèce humaine ; mais, comme tous les ouvrages traitant des atrocités commises par l'humanité, il n'explique pas scientifiquement les fondements pathogènes qui sont à l'origine de l'appropriation par l'espèce humaine de ce « Pouvoir » singulier d'anéantissement de la vie, qui, jusqu'alors, constituait l'apanage des cataclysmes naturels.

---

[39] *Marylène Patou-Mathis. Édition Odile Jacob. Préhistoire de la violence et de la guerre. Les origines de la guerre. 2013*

Par conséquent, toute l'analyse doit être concentrée sur la recherche d'une contrainte arbitraire, forçant les individus à renverser le rapport entre la culture et la nature ; en tentant l'impossible: asservir la nature en soumettant arbitrairement et mutuellement des êtres naturels et semblables, par l'intermédiaire de conventions arbitraires de régulation de l'énergie, qui sont à l'origine de subordinations contraintes et de hiérarchies inadaptées aux pouvoirs arbitraires [40]; provoquant, d'une part l'obsolescence des comportements sociaux adaptés à l'éthique naturelle (antérieurs à la fin du Mésolithique et encore présents au sein des différentes cultures dites « primitives»), relevant du respect inconscient des contraintes naturelles ; et, d'autre part, la mise en place, à partir du Néolithique, de nouvelles règles arbitraires qui deviendront légales, permettant d'officialiser le nouvel ordre totalitaire ; tout en essayant, ce qui est impossible, de corriger, a posteriori, l'apparition des transgressions conscientes et dérivées de la contrainte générale arbitraire, fondatrice de l'évolution sociale et donc à l'origine de notre civilisation.

---

[40] *Schumpeter, J. (1961) : Capitalisme, Socialisme, Démocratie, chapitre XI « la civilisation du capitalisme », Bibliothèque économique, Payot, Paris, p. 150. 151*

« Comment se justifie l'existence des rois ou des papes ou des dîmes ou de la propriété ou de la subordination ? »

Simone Weil, op. cit., p. 77

« Naguère la culture était considérée par beaucoup comme une fin en soi, et de nos jours ceux qui y voient plus qu'une simple distraction y cherchent d'ordinaire un moyen de s'évader de la vie réelle. Sa valeur véritable consisterait au contraire à préparer à la vie réelle, à armer l'homme pour qu'il puisse entretenir, avec cet univers qui est son partage et avec ses frères dont la condition est identique à la sienne, des rapports dignes de la grandeur humaine.»

Si nous regardons en notre for intérieur, à l'aide de l'intégrité fondamentale dont la nature nous a doté, nous constatons qu'il nous arrive d'être irrespectueux, puisqu'il nous est totalement impossible de ne pas transgresser, à des degrés divers et en toute conscience, les règles morales, légales et environnementales en vigueur; ce qui semble justifier l'existence d'un pouvoir légal chargé de sanctionner les contrevenants. Mais s'il existe un cadre culturel où nul ne peut s'empêcher de transgresser (en évolution permanente ou déséquilibré), d'un point de vue rationnel, il doit exister un cadre naturel (adapté ou équilibré) où nul ne peut agir de la sorte; où tout « Pouvoir négatif ou positif » devient inutile. Ce qui suppose, conformément au principe universel qui détermine toute évolution, l'existence d'une « contrainte culturelle » ayant le pouvoir d'empêcher tout équilibre énergétique, toute adaptation sociale, et qui nous force à transgresser en toute conscience (contrainte que Simone Weil ressent comme une « force qui nous écrase ») [41]; ceci implique, que l'aptitude au respect ne relève absolument pas d'une responsabilité personnelle ni, a fortiori, des reliques d'une éducation antique pré-monothéiste, reposant sur la glorification du bien dans la sanction même légale du mal. La vie, l'éthique, et le droit, n'étant pas des sciences, nul ne peut nous enseigner comment les respecter en permanence, et en la matière les arguments ne produisent au mieux que le perpétuel débat contradictoire. Mais il existe une voie suprême à ce jour encore inexplorée: la recherche rationnelle des conditions naturelles qui génèrent le respect. En effet, attendu que ce qui fait l'objet d'un respect permanent ne peut souffrir l'outrage, l'indignation ou la contestation, et n'a, de fait, nul besoin d'être protégé par un pouvoir légal et des forces de l'ordre coercitives; ces conditions naturelles constituent le préalable universel aux rapports éthiques, et pourraient, quant à elles, être enseignées et définitivement observées sans la moindre contrainte culturelle, puisque l'homme est essentiellement un sujet naturel.

---

[41] *Simone Weil. Écrits sur l'Allemagne 1932-1933. Rivage poche. 2015, p. 197*

L'essence naturelle du cerveau – donc de la pensée rationnelle ou irrationnelle – étant essentiellement constituée d'atomes, le « problème » ne peut être résolu que par l'analyse scientifique des causes (analyse rationnelle de l'information et du traitement cérébral de cette information, qui est l'objet des Livres II et III). Autrement dit, seul un diagnostic scientifique peut valider la description de symptômes particuliers, et permettre de trouver le moyen universel d'émanciper chaque individu du « fondement de la discorde », et, par conséquent, de tout « Pouvoir » de contrainte arbitraire exercé légalement, ou illégalement, par un individu, une institution ou un système économique ; afin que la liberté, l'égalité et la fraternité constituent des fins en soi et non plus de simples concepts, réduits exclusivement au seul rang de moyens, cautionnant – du fait de la permanence de la « Discorde » – l'existence du « Pouvoir » ; et justifiant des luttes sociales qui n'aboutissent finalement qu'à l'appropriation – par certaines catégories d'individus parvenus à s'organiser pour défendre les mêmes intérêts particuliers – d'une fraction d'un « Pouvoir » érigée en « droit », divisée en d'autres « pouvoirs » ou encore en « contre-pouvoirs ».

Comme la science le démontre, la régulation énergétique obéit à des lois irrévocables, détenues par le pouvoir inaliénable de la nature de régir la matière inerte, comme par ailleurs la matière vivante, tant au niveau atomique, moléculaire, cellulaire, animal, qu'au sein même de l'espèce humaine. Ces lois déterminent exclusivement deux conditions pour lesquelles, et à ce jour, l'humanité est, en toute conscience, au même titre que toutes les autres espèces vivantes privées de conscience, incapable d'exercer le faculté rationnelle de délibérer du choix, toujours contrainte d'adopter l'option que les évènements lui présentent : l'évolution (provoquée par un déséquilibre énergétique) ou l'adaptation (provoquée par un équilibre énergétique). Il y a plusieurs millions d'années des primates furent contraints d'emprunter la voie de l'évolution pour se transformer en hominidés; l'avènement de la conscience permit à cette espèce de générer l'humain et de fonder, il y a plusieurs dizaines de milliers d'années, des communautés socialement adaptées, dites « primitives », qui pour certaines sont encore présentes au 21ème siècle. Les modifications énergétiques, survenues au Mésolithique et au Néolithique, furent l'occasion pour l'humanité d'être à nouveau contrainte d'évoluer, mais en empruntant, pour la première fois de son existence, un mode de régulation arbitraire empêchant tout équilibre énergétique naturel, et donc toute adaptation sociale et environnementale. Comme nous le verrons, ce mode de régulation contraint – non plus par l'interaction naturelle entre le milieu social interne et le milieu naturel externe, mais imposé, au sein même du milieu social interne, par un groupe d'individus à leurs semblables[42]– semble naturel parce que – comme nous le rapporte Aristote qui, dans l' « *Éthique de Nicomaque* », tente de le cautionner –, étant, grâce à l'invention de l'étalon de mesure monétaire, rentré relativement rapidement dans les moeurs, cette régulation culturelle de l'énergie a perdu toute trace de son origine arbitraire [43].

---

[42] Un individu seul ne dispose pas des moyens techniques nécessaires, ni de la force physique lui permettant de s'approprier le pouvoir de contraindre sa communauté à accepter qu'il s'en désolidarise ; par l'abandon d'un mode ancestral de régulation de l'énergie, l'établissement arbitraire d'un nouveau mode de régulation et d'une structure hiérarchique pyramidale, dont il représente l'autorité suprême.

Hannah Arendt. op. cit, p. 69

« *La prise de pouvoir par la violence n'est jamais une fin en soi, mais seulement le moyen d'une fin et, dans n'importe quel pays, la prise du pouvoir n'est qu'une étape transitoire et bienvenue, mais jamais la fin du mouvement. L'objectif pratique du mouvement consiste à encadrer autant de gens que possible dans son organisation, et de les mettre et les maintenir en mouvement ; quant à l'objectif politique qui constituerait la fin du mouvement, il n'existe tout simplement pas.* »

[43] *Vivianne Forrester. L'horreur économique. Fayard.1996, p. 7*

Pascal, pensées

« *Il ne faut pas qu'il sente (le peule) la vérité de l'usurpation : elle a été introduite autrefois sans raison, elle est devenue raisonnable; il faut la faire*

Attendu que les échanges sont chronologiquement antérieurs à l'invention de l'écriture, une analyse rationnelle de la valeur marchande – permettant de découvrir *le fondement et la forme concrète de la valeur générale d'échange* – doit impérativement faire abstraction : de la marchandise, du travail, de la propriété, de l'unité arithmétique et a fortiori de la mesure du temps de travail – qui ne sont que des moyens particuliers mis au service de la forme valeur générale –, pour s'intéresser principalement à la cause qui nécessita la création d'un moyen général, c'est-à-dire d' un mécanisme d'échange singulier, sans lequel la force physique humaine *à valeur d'usage* n'aurait jamais pu arbitrairement être transformée en force physique de travail *à valeur d'échange* (en marchandise).

Définition rationnelle de la forme concrète de la valeur générale d'échange

Contrairement à l'élaboration d'un prix – qui se matérialise par l'écriture indispensable à la mesure monétaire de la valeur d'échange particulière d'un bien transformé en marchandise –, l'unité arithmétique et l'écriture sont inutiles à la formation de la valeur générale d'échange. En effet, pour transformer tout bien en marchandise de valeur, il suffit simplement qu'apparaisse une donnée essentielle : *la contrainte arbitraire à l'échange de la force physique humaine, nécessaire à la réalisation de toute action, transformant l'activité humaine en travail* (à l'origine, la force de travail et la production agricole – l'excédent agricole et la ration alimentaire quotidienne –, générées par les mêmes individus asservis, furent les premières formes de valeurs particulières échangées, sous la contrainte de leurs semblables). Or, dans son analyse, comme la plupart des chercheurs en la matière, Karl Marx ne s'intéresse pas très précisément à la

---

regarder comme authentique, éternelle, et en cacher le commencement si on ne veut qu'elle ne prenne bientôt fin. »

chronologie et aux évènements fondateurs d'une évolution sociale qui fut à l'origine : de l'échange, du travail, de l'invention de l'écriture, de l'unité, du calcul, et surtout de l'échange contraint, sans lequel il est impossible de générer une valeur générale, provoquant l'invention de l'écriture indispensable à la matérialisation de la valorisation de l'unité arithmétique (la monnaie économique). Raisons suffisantes et pour lesquelles Karl Marx, comme personne à ce jour, n'a pu définir, de manière scientifique, la forme concrète de la valeur générale d'échange, et comprendre pourquoi les membres libres des cultures « primitives » n'ont jamais ressenti le besoin de se transformer en « personnes indépendantes » – par l'invention totalement inconsciente de la valeur générale d'échange –[44], en dévoilant un point absolument capital, parce qu'il démontre la totale irrationalité du système économique capitaliste : *la Matrice du pouvoir, du capital, de la richesse et de la misère, de la « substance », du «moteur», du mécanisme, en définitive du principe général arbitraire d'échange – qui génère la valeur générale et universelle d'échange –, que constitue* **la contrainte arbitraire à l'échange énergétique par l'imposition d'un droit de créance totalitaire sur une dette énergétique totalement arbitraire** (La dette – du latin debere signifie devoir " ce que l'on doit à quelqu'un" – **provoque un échange entre deux entités**); qui, comme la force physique transformée en force de travail, ou tout autre bien transformé en marchandise, peut non seulement constituer une valeur équivalente d'échange, mais aussi, contrairement au travail et à toutes les autres formes de valeurs équivalentes particulières – *ce qui constitue un point capital de la démonstration* –, **le moyen de sa propre valorisation** (*valeur relative*)[45]; puisque sa particularité

---

[44] Valeur générale, ne pouvant pas être le résultat de l'apparition d'une propriété privée qui existe depuis l'avènement de la conscience et de la confection des premiers objets à usage personnel, ou, comme le démontrent les Hani du Yunnan, de l'apparition des premières parcelles agricoles (ce qui n'existe pas au sein des cultures dites « primitives », ce sont des raisons d'acquérir la propriété privée par le vol ou le crime).

[45] *Karl Marx. Section I, op.cit., p. 80*

« *La marchandise dont la valeur se trouve sous la forme relative est toujours exprimée comme quantité de valeur, tandis qu'au contraire il n'en est jamais ainsi de l'équivalent qui figure toujours dans l'équation comme simple quantité d'une chose utile. 40 mètres de toile, par exemple, valent — quoi ? 2 habits. La marchandise habit jouant ici le rôle d'équivalent, donnant ainsi un corps à la valeur de la toile, il suffit d'un certain quantum d'habits pour exprimer le quantum de valeur qui appartient à la toile. Donc, 2 habits peuvent exprimer la quantité de valeur de 40 mètres de toile, mais non la leur propre.* »

Ibid., p. 90. 91

« *Les défauts de la forme développée de la valeur relative se reflètent dans la forme équivalent qui lui correspond. Comme la forme naturelle de chaque espèce de marchandises fournit ici une forme équivalent particulière à côté d'autres en nombre infini, il n'existe en général que des formes équivalent fragmentaires dont chacune exclut l'autre. De même, le genre de travail utile, concret, contenu dans chaque équivalent, n'y présente qu'une forme particulière, c'est-à-dire une manifestation incomplète du travail humain. Ce travail possède bien, il est vrai, sa forme complète ou totale de manifestation dans l'ensemble de ses formes particulières. Mais l'unité de forme et d'expression fait défaut.* »

Ibid., p. 92

« *D'un autre côté, cette forme rend impossible toute expression commune de la valeur des marchandises, car, dans l'expression de valeur d'une marchandise quelconque, toutes les autres figurent comme ses équivalents, et sont, par conséquent, incapables d'exprimer leur propre valeur.* »

Ibid., p. 93

« *Dans l'expression générale de la valeur relative, au contraire, chaque marchandise, telle qu'habit, café, fer, etc., possède une seule et même forme valeur, par exemple, la forme toile, différente de sa forme naturelle. En vertu de cette ressemblance avec la toile, la valeur de chaque marchandise est maintenant distincte non seulement de sa propre valeur d'usage, mais encore de toutes les autres valeurs d'usage, et, par cela même, représentée comme le caractère commun et indistinct de toutes les marchandises. Cette forme est la première qui mette les marchandises en rapport entre elles comme valeurs, en les faisant apparaître l'une vis-à-vis de l'autre comme valeurs d'échange.* ».

« *La forme générale de la valeur relative ne se produit au contraire que comme l'oeuvre commune des marchandises dans leur ensemble. Une marchandise n'acquiert son expression de valeur générale que parce que, en même temps, toutes les autres marchandises expriment leurs valeurs dans le*

exclusive procède d'un droit de créance totalitaire qui renferme sa propre valeur d'échange arbitraire, attendu qu'il indique immédiatement qu'un individu est contraint de s'acquitter d'une dette, en fournissant un équivalent énergétique; et, a fortiori, constituer la forme valeur arbitraire, générale et universelle d'échange, avant même l'invention de l'écriture, et, par conséquent, de la représentation économique officielle d'un droit de créance irrationnel : *le titre de créance,* ou l'unité arithmétique valorisée, que Karl Marx nomme aussi, mais de manière inappropriée, « mandat »[46] (*la monnaie économique ou l'équivalent général*); puisque toute dette énergétique arbitrairement due par un individu – potentiellement échangeable contre tout type de travaux et de marchandises –, possède une valeur d'échange universelle. Dans les faits : *le titre de créance arbitraire que matérialise la monnaie, permet d'échanger un droit de créance totalitaire contre le remboursement en énergie (bien réelle) d'une dette*

---

même équivalent, et chaque espèce de marchandise nouvelle qui se présente doit faire de même. ».

Ibid., p. 97

« La marchandise spéciale avec la forme naturelle de laquelle la forme équivalent s'identifie peu à peu dans la société devient marchandise monnaie ou fonctionne comme monnaie. Sa fonction sociale spécifique, et conséquemment son monopole social, est de jouer le rôle de l'équivalent universel dans le monde des marchandises. »

[46]*Ibid., Section V. p. 85*

« L'illusion produite par la circulation des marchandises disparaît dès que l'on substitue au capitaliste individuel et à ses ouvriers, la classe capitaliste et la classe ouvrière. La classe capitaliste donne régulièrement sous forme monnaie à la classe ouvrière des mandats sur une partie des produits que celle-ci a confectionnés et que celle-là s'est appropriés. La classe ouvrière rend aussi constamment ces mandats à la classe capitaliste pour en retirer la quote-part qui lui revient de son propre produit. Ce qui déguise cette transaction, c'est la forme marchandise du produit et la forme argent de la marchandise. »

énergétique totalement irrationnelle, puisque totalement arbitraire [47].

Pour démontrer, si cela est encore nécessaire, que le travail n'est pas la forme concrète de la valeur générale d'échange – qui résulte exclusivement d'un droit de créance totalitaire, imposant l'échange énergétique contraint de la force physique de travail et de la réserve alimentaire (l'excédent néolithique ou l'impôt-profit), contre la ration alimentaire quotidienne du Néolithique ou le titre de créance antique (l'unité arithmétique valorisée) –, avec un cas d'école similaire à celui que Jean-Marie Harribey utilise pour, paradoxalement, essayer de démontrer le contraire [48], il suffit simplement d'imaginer un monde au sein duquel toute forme de travail effectué par un individu deviendrait inutile, parce que réalisé exclusivement par des machines, des robots et des logiciels n'appartenant à personne. En effet, dans une organisation sociale où l'asservissement énergétique d'un être humain n'aurait aucun intérêt – comme au sein des organisations sociales dites « primitives » –, le droit de créance totalitaire et, a fortiori, le titre de créance arbitraire, ou monnaie économique, (dont les valeurs d'échanges sont aussi leurs valeurs d'usages), en perdant leurs fonctions, perdraient aussi leurs valeurs respectives; attendu que la force physique humaine, ou, plus exactement, l'être humain redeviendrait libre comme l'air – n'étant plus contraint au travail (à l'échange

---

[47] *Ibid., Section V, p. 261. 262*

« Le capital est du travail mort, qui, semblable au vampire, ne s'anime qu'en suçant le travail vivant, et sa vie est d'autant plus allègre qu'il en pompe davantage.»

Ibid., note 32, p. 549

« (...) la structure économique de la société est la base réelle sur laquelle s'élève ensuite l'édifice juridique et politique, de telle sorte que le mode de production de la vie matérielle domine en général le développement de la vie sociale, politique et intellectuelle (...)»

[48] *Jean-Marie Harribey, op.cit., p. 110*

contraint de sa force physique) –, un moyen et une fin naturels à valeur d'usage vital mais sans la moindre valeur d'échange marchand [49].

« *Sans travail le capital est dévalorisé. Imaginons un cas inverse : automatisation généralisée de la production des biens de production et de celle des biens de consommation. La valeur de la production est alors nulle. Ce cas d'école est un cas limite, au sens mathématique du terme, plus la productivité du travail tend vers l'infini, plus les quantités produites deviennent grandes, mais plus la valeur tend vers zéro.* »

[49] Nous pouvons maintenant compléter notre tableau.

Groupe social	Régulation énergétique	Nature et objet de l'échange	Valeur	Moyen technique de calcul	Culture de tradition
Zoé	Répartition	-------	D'usage	-------	Orale *énergétiquement et socialement équilibrée*
Hani	Répartition et échange	*Échange libre ou naturel de biens*	D'usage	Unité arithmétique	Orale *énergétiquement et socialement équilibrée*
Lydien	Répartition et échange	*Échange contraint ou culturel de la force physique*	D'usage et d'échange ou économique	Unité arithmétique et écriture	Scripturale *énergétiquement, économiquement et socialement déséquilibrée*

Jean-Jacques Rousseau, Émile ou de l'éducation
http://classiques.uqac.ca/classiques/Rousseau_jj/emile/emile_de_education_1 _3.pdf, p. 50

« *Ces considérations sont importantes, et servent à résoudre toutes les contradictions du système social. Il y a deux sortes de dépendances : celle des choses, qui est de la nature ; celle des hommes, qui est de la société. La dépendance des choses, n'ayant aucune moralité, ne nuit point à la liberté, et n'engendre point de vices : la dépendance des hommes étant désordonnée les engendre tous, et c'est par elle que le maître et l'esclave se dépravent*

Premiers principes irrationnels de l'économie capitaliste

Pour le sujet naturel, l'information ne possède que deux qualifications universelles : satisfaisante (associée à un équilibre homéostatique), et insatisfaisante (associée à un déséquilibre homéostatique) ; mais seule la qualité *insatisfaisante* de l'information (le problème) entraîne la recherche d'une solution (pour le sujet culturel, il existe une troisième qualification universelle : indifférente ou sans qualité). Par conséquent, ce qui détermine tout choix irrationnel est exclusivement la qualité *satisfaisante* que l'on attribue arbitrairement à l'information *solution* ; dont l'objet est, de fait et dans le cas précis d'une pensée irrationnelle, sans grand

---

mutuellement. S'il y a quelque moyen de remédier à ce mal dans la société, c'est de substituer la loi à l'homme, et d'armer les volontés générales d'une force réelle, supérieure à l'action de toute volonté particulière. Si les lois des nations pouvaient avoir, comme celles de la nature, une inflexibilité que jamais aucune force humaine ne pût vaincre, la dépendance des hommes redeviendrait alors celle des choses ; on réunirait dans la république tous les avantages de l'état naturel à ceux de l'état civil ; on joindrait à la liberté qui maintient l'homme exempt de vices, la moralité qui l'élève à la vertu. »

Simone Weil, op. cit, p. 78

« Les rapports sociaux seraient directement modelés sur l'organisation du travail ; les hommes se grouperaient en petites collectivités travailleuses, où la coopération serait la loi suprême, et où chacun pourrait clairement comprendre et contrôler le rapport des règles auxquelles sa vie serait soumise avec l'intérêt général. Au reste chaque moment de l'existence apporterait à chacun l'occasion de comprendre et d'éprouver combien tous les hommes sont profondément un, puisqu'ils ont tous à mettre aux prises une même raison avec des obstacles analogues ; et tous les rapports humains, depuis les plus superficiels jusqu'aux plus tendres, auraient quelque chose de cette fraternité virile qui unit les compagnons de travail.»

intérêt puisque l'unique qualification *satisfaisante* annule invariablement *le problème* [50].

---

[50] La cause physique, ou concrète, d'une insatisfaction provient invariablement du milieu externe ou interne au corps ; et la mémoire associera toujours la même qualification insatisfaisante à l'information ayant produit l'insatisfaction sensorielle, sans aucune possibilité de modification ultérieure de qualité. Mais le cerveau, bien qu'informé de la douleur, est lui-même – parce que dépourvu de récepteurs à la douleur ou nocicepteurs – physiquement insensible à la douleur. C'est pourquoi une information abstraite, comme la croyance culturelle (religieuse, politique ou morale), peut, au cours de sont existence, changer de qualité ou redevenir une idée indifférente en perdant toute qualité (et donc toute fonction). Les neurones qui génèrent les idées, dépourvus de nocicepteurs, ne peuvent, par conséquent, attribuer a priori une qualité aux idées; c'est pourquoi ils sont totalement indifférent à la qualité qui transforme a posteriori une hypothèse en croyance, et de fait totalement incapable d'éviter à la réflexion abstraite et consciente d'être, le cas échéant, en permanence dans l'erreur. Raison suffisante et pour laquelle, il est totalement inutile, comme le démontre la récidive, de faire appel à d'autres croyances, en l'occurrence une conscience morale (religieuse ou laïque), une responsabilité et un droit pénal culturels, pour régler les maux sociaux de l'humanité (nous aborderons plus précisément les différentes questions sur la responsabilité pénale et le traitement neuronal de l'information dans les Livres II et III).

Friedrich Nietzsche. Humain, trop humain. Gallimard. Folio/essais, p. 45

« Le premier degré de l'ordre logique est le jugement; son essence, selon la constatation des meilleurs logiciens, consiste dans la croyance. Mais à la base de toute croyance il y a la sensation de ce qui est agréable ou douloureux relativement au sujet de la sensation. Une troisième et nouvelle sensation, résultat de deux sensations précédentes distinctes, voilà le jugement sous sa forme la plus rudimentaire. »

Sur les pupitres de l'assemblée nationale, sont disposées, pour voter, trois touches que l'on distingue par les dénominations suivantes : POUR ; CONTRE et ABST.

René Descartes. Méditations métaphysiques. Méditation troisième. De Dieu ; qu'il existe http://www.tc.umn.edu/~dbrewer/French8270/Descartes, p. 15

« Maintenant, pour ce qui concerne les idées, si on les considère seulement en elles-mêmes, et qu'on ne les rapporte point à quelque autre chose, elles ne peuvent, à proprement parler, être fausses, (...) »

Le Néolithique fut le berceau de la pensée irrationnelle qui engendra la contrainte générale fondatrice de notre civilisation, et par conséquent la gestion arbitraire de la nouvelle ressource énergétique apparue au Mésolithique. Jusqu'à la fin du Mésolithique l'accès à l'énergie fut totalement libre de toute entrave humaine et donc naturellement répartie (au sein des cultures orales associatives, comme par exemple dans la communauté des Hani, l'équilibre énergétique est permanent). De ce fait il n'existait que deux types d'individus : le « semblable » vivant au sein du même groupe social (l'être satisfaisant), et le « différent » vivant à l'extérieur de la communauté (potentiellement satisfaisant ou insatisfaisant). La découverte de l'agriculture, l'élevage, la sédentarisation et l'excédant alimentaire provoquèrent une expansion démographique et l'éclatement du groupe social affectif des communautés « primitives » associatives, en un ensemble d'individus divisés en communautés familiales sans lien affectif entre elles [51]. Le Néolithique voit donc l'apparition d'un troisième type d'individu (sans équivalent naturel), vivant au sein d'une même communauté de vie à double structure sociale (privée et publique), *l'être indifférent*, potentiellement satisfaisant ou insatisfaisant ; et par voie de conséquence la disparition, en dehors de la cellule familiale, **du lien affectif ou plus exactement du besoin d'autrui en tant que personne totalement émancipée** [52]. Ce nouveau principe culturel,

---

[51] *Simone Weil, op. cit, p. 44*

« Enfin l'exercice d'un pouvoir quelconque a pour condition un excédent dans la production des subsistances, et un excédent assez considérable pour que tous ceux qui se consacrent, soit en qualité de maîtres, soit en qualité d'esclaves, à la lutte pour le pouvoir, puissent vivre. Il est clair que la mesure de cet excédent dépend du mode de production, et par suite aussi de l'organisation sociale.»

[52] *Hannah Arendt, op. cit, p. 304*

« Pour l'être humain qui a perdu sa place dans une communauté, son statut politique dans les luttes de son époque, et la personnalité juridique qui fait de

totalement irrationnel et amoral, va provoquer l'obsolescence et donc l'évolution de toutes les contraintes culturelles naturellement adaptées des cultures orales associatives, pour donner naissance à un cadre social et légal en évolution permanente, parce que totalement arbitraire, et donc inadapté à la régulation énergétique naturelle du « troisième type », ou de « l'être indifférent » [53].

---

ses actes et d'une part de sa destinée un tout cohérent, seules subsistent les qualités qui ne peuvent d'ordinaire s'articuler que dans le domaine de la vie privée, et qui doivent demeurer imprécises, au rang de la stricte expérience vécue, dans toutes les questions d'intérêt public. »

Ibid., p. 46

«La raison d'être de l'État est le besoin de sécurité éprouvé par l'individu, qui se sent menacé par tous ses semblables. »

La double sphère publique et privée est, dans son essence énergétique déséquilibrée, la structure externe asociale (erronée) où se développent toutes les erreurs dérivées (transgressions dérivées) affectant et déstructurant, jusqu'au sein même de la cellule interne originelle (structure familiale équilibrée), les individus qui passent nécessairement et en permanence de l'une à l'autre. La sphère associative, où l'individu est non seulement considéré comme un moyen mais aussi comme une fin en soi, constitue, comme le pensait Simone Weil, la seule forme possible de structure sociale compatible avec la cellule originelle, puisque identique sur le plan de la régulation énergétique. Le droit pénal est une tentative de correction illusoire, parce que a posteriori, comme par ailleurs toutes les formes de défenses visant à protéger l'individu de ses semblables ou de lui-même. En réalité, étant dans l'incapacité de corriger a priori son erreur inconsciente, et faisant fatalement partie des deux structures antagonistes et interactives, l'individu est confronté à une évolution exponentielle des erreurs conscientes dérivées, et forcé de trouver a posteriori une régulation légale mais totalement arbitraire.

[53] *Ibid., p. 303*

« Si un être humain perd son statut politique, il devrait, en fonction des conséquences inhérentes aux droit propres et inaliénables de l'homme, tomber dans la situation précise que la déclaration de ses droits généraux ont prévue. En réalité, c'est le contraire qui se produit ; il semble qu'un homme qui n'est rien d'autre qu'un homme a précisément perdu les qualités qui permettent aux autres de le traiter comme leur semblable. »

C'est pourquoi la littérature scientifique se trompe lorsqu'elle nous dit qu'il existe un siège cérébral de la conscience morale [54] ; ou que l'écriture fut inventée pour soulager la mémoire, et la monnaie pour faciliter les échanges, attendu qu'elle ignore que leur fonction sociale première est d'officialiser la contrainte arbitraire à l'échange énergétique au sein d'une même organisation sociale (contrainte inexistante au sein des cultures de tradition orale), par la matérialisation et la mesure de la valeur particulière ; ou encore que les premiers écrits étaient comptables, attendu que les Hani, ou les Muisca, qui ont découvert les chiffres pour pouvoir compter, n'ont pas inventé l'écriture; en outre, il aurait fallu comprendre et donc expliquer le besoin social d'inventer l'unité, le langage écrit, et par conséquent dévoiler leurs fonctions techniques premières, ou leurs buts sociaux premiers, qui ne peuvent pas, chronologiquement, être la comptabilité. En effet, l'unité et le calcul, comme l'écriture, la division sociale des tâches ou le travail, ou encore le titre de créance arbitraire, sont des moyens particuliers qui n'ont pas les mêmes causes, les mêmes fonctions, et les mêmes buts ; et cela même si sans l'association de ces moyens à la valeur générale d'échange, il ne peut être question de la mesure particulière et arbitraire: d'une « valeur » d'échange, d'une « grandeur », d'une « quantité », d'un « temps » de travail, ou de l'invention de l'unité arithmétique valorisée (de la monnaie économique), et par conséquent du développement de la production capitaliste. Si l'invention de la monnaie est postérieure à l'invention du calcul, ou de l'unité, et

---

[54] *Primo Lévi, op.cit., p.*

« Le vol à la Buna, puni par la Direction civile, est autorisé et encouragé par les SS ; le vol au camp, sévèrement sanctionné par les SS, est considéré par les civils comme une simple modalité d'échange. Le vol entre Haftlinge est généralement puni, mais la punition frappe aussi durement le voleur que le volé. Nous voudrions dès lors inviter le lecteur à s'interroger: que pouvaient bien justifier au Lager des mots comme « bien » et « mal », « juste » et « injuste » ? À chacun de se prononcer d'après le tableau que nous avons tracé et des exemples fournis ; à chacun de nous dire ce qui pouvait bien subsister de notre monde moral en deçà des barbelés ».

45

n'est pas la conséquence de la division sociale des tâches, de la propriété privée ou du travail, comment peut-on prétendre révéler l'énigme de la valeur, ou de l'unité arithmétique valorisée, sans s'intéresser d'abord à l'énigme de l'invention de l'écriture , et donc à l'apparition de l'échange contraint; a fortiori, comment peut-on avoir compris l'essence du système économique capitaliste, et, finalement, trouver le moyen d'anéantir toute forme de pouvoir arbitraire, en abolissant – sans la moindre spoliation et sans aucune contrainte coercitive – la forme valeur générale d'échange , et, par conséquent, le travail ainsi que la monnaie [55]?

À la différence des révolutions qui, par une réorganisation du pouvoir, ne produisent qu'un remplacement des têtes au pouvoir et une modification des proportions d'individus semblables composant les différentes catégories socio-économiques d'une organisation sociale arbitraire ; une réforme naturelle des valeurs serait d'une ampleur telle, qu'elle permettrait à chaque individu de conserver, s'il le désire, ses croyances, son titre, son rang, sa fortune et tout ce qu'il considère comme ses richesses, mais il renoncerait, contraint naturellement par une pensée rationnelle respectant une volonté naturelle et commune, à l'asservissement énergétique, légal ou illégal, de tout individu.

L'humanité arbitrairement civilisée est la seule espèce animale à avoir imposé le principe d'un échange contraint, comme mode de régulation énergétique au sein de son organisation sociale.

---

[55] *Karl Marx. Section I, op. cit, p. 71*

*« Chacun sait, lors même qu'il ne sait rien autre chose, que les marchandises possèdent une forme valeur particulière qui contraste de la manière la plus éclatante avec leurs formes naturelles diverses : la forme monnaie. Il s'agit maintenant de faire ce que l'économie bourgeoise n'a jamais essayé ; il s'agit de fournir la **genèse** de la forme monnaie, c'est-à-dire de développer l'expression de la valeur contenue dans le rapport de valeur des marchandises depuis son ébauche la plus simple et la moins apparente jusqu'à cette forme monnaie qui saute aux yeux de tout le monde. En même temps, sera résolue et disparaîtra l'énigme de la monnaie. »*

Les cellules, qui forment tous les organismes vivants, se composent principalement de noyaux et de membranes cellulaires. La membrane cellulaire (structure externe de la cellule) permet de réguler les échanges énergétiques entre le milieu externe et interne à la cellule. Le problème ne vient donc pas de l'absence d'amour entre les individus du « troisième type », apparus au Néolithique, ni même de la double structure sociale (privée et publique) qui en résulte ; mais simplement d'une régulation énergétique inadaptée puisqu'elle diffère en fonction de deux structures sociales pour un même corps social, l'ensemble des individus passant régulièrement de l'une à l'autre (une régulation énergétique par répartition au sein de la sphère familiale, et une régulation par échange contraint au sein de la sphère publique). En effet, au niveau biologique, l'échange énergétique ne se conçoit qu'entre le milieu interne et le milieu externe ; or, considérer un être semblable – faisant partie d'un même corps social, du fait d'une créance abstraite, endogène et totalement irrationnelle : l'absence de lien affectif ou, très exactement (ce qui est différent), **l'absence du besoin d'autrui en tant que sujet totalement émancipé** – comme un élément externe à ce même milieu social interne (composé d'individus de la même espèce formant un même corps social naturel), est à proprement parler *la transgression abstraite générale, qui fut à l'origine de toutes les transgressions matérielles particulières*, s'opposant vainement aux contraintes universelles et unilatérales d'une régulation biologique, qui impose une répartition énergétique équilibrée entre les cellules qui composent un même tissu social (un même tissu biologique). Au niveau de l'organisation cellulaire d'un tissu biologique, la répartition énergétique, ou la régulation homéostatique, n'est pas déterminée par une structure pyramidale arbitraire qui subordonne entre elles des cellules semblables, si tel était le cas la nécrose du tissu serait inévitable. C'est pourquoi, cette structure pyramidale du pouvoir – héritée de l'organisation étatique antique, issue d'un asservissement totalitaire néolithique, qui règne en maîtresse dans toutes les formes de gouvernements, dans toutes les institutions et dans toutes les entreprises économiques légales et illégales – est celle qui encadre et oeuvre à la destruction du tissu social humain, qui, dans sa structure externe adaptée, n' est qu'une réplique évoluée de l'organisation cellulaire du tissu biologique originel.

Les premières fonctions techniques et sociales de l'unité arithmétique et de l'écriture sont : de doubler l'information abstraite afin de pouvoir la représenter, la matérialiser, la mesurer, la contrôler, la gérer, la protéger, l'échanger et prouver son existence (en cas de dette, de prêt, de perte, de disparition, ou de vol…) ; générant – avec la protection physique et arbitraire de l'excédent énergétique – de nouvelles contraintes (comme la gestion administrative de l'échange de la force physique de travail, le contrôle et la protection des moyens de production) : besoins ; valeurs ; activités ; fonctions et hiérarchies sociales arbitraires [56] ; mais aussi l'apparition, au

---

[56] *Marylène Patou-Mathis. Édition Odile Jacob. Préhistoire de la violence et de la guerre. Les origines de la guerre, p. 63*

« Le développement de l'agriculture et de l'élevage est probablement à l'origine de la hiérarchisation qui mène bien souvent aux inégalités économiques et sociales, et donc de traitement. (Testart A. 1982). »

Les Hani du Yunnan sont la preuve vivante que l'agriculture et l'élevage ne sont pas à l'origine de la hiérarchisation. En effet, leur structure sociale, déterminée par le rapport rationnel qui règne au sein du milieu interne (le corps social) et donc le respect naturel du milieu externe (l'environnement naturel), est horizontale.

Fondement du monothéisme; naissance et évolution des sciences

Possédant un déséquilibre énergétique en quête permanente d'équilibre, et étant la génitrice et le support de l'idée, il devient par conséquent aisé d'expliquer la raison pour laquelle la matière organique, à travers Aménophis IV (XIV siècle av. JC), adopta la croyance de l'existence d'une intelligence supérieure. De fait, jamais aucun individu émancipé (équilibré) ou inféodé, n'aurait eu le besoin ou le pouvoir d'imposer, comme Constantin 1er, l'idée mégalomaniaque, à l'image de son inventeur (Pharaon : administrateur général, chef des armées, premier magistrat et prêtre souverain de l'Égypte antique), du « Tout-puissant », en résolvant le problème par l'imposition du monothéisme. En effet – l'idée étant le résultat de l'association d'informations existantes –, les différentes cultures de tradition orale, dites « primitives », ne pourraient jamais se poser une telle question ; puisque, n'étant pas soumises à

48

une contrainte arbitraire de subordination pyramidale et ne disposant pas de la représentation scripturale de l'unité valorisée, elles ne peuvent y associer l'idée même d'un être unique et supérieur. Leurs rapports intellectuels à la nature se font par l'intermédiaire de créances animistes respectant la contrainte naturelle (tout est égal à la valeur de leur pensée). En effet, la structure hiérarchique de la communauté orale des Zoé, ou celle des Hani, est horizontale et leurs croyances sont animistes.

Ibid., p. 92

« *Dans les sociétés de chasseurs-cueilleurs préhistoriques aucune preuve archéologique n'atteste le sacrifice de bêtes sauvages, probablement parce que les relations entre elles et les humains étaient alors des relations d'alliances ; Par contre, dès l'apparition de la domestication des animaux au cours du Néolithique, certains d'entre eux vont être sacrifiés pour des raisons qui varient en fonction des sociétés.* »

Ibid., p. 112

« *Cependant, les études ethnographiques menées chez des peuples chasseurs-cueilleurs, dont celles de Clastres, montrent que, dans la majorité des cas, la mise à mort de l'animal exclut toute agressivité du chasseur.* » *Au contraire, elle socialiserait cette nécessaire violence sur le mode de l'échange cosmologique entre l'Homme et la Nature, en particulier dans les sociétés chamaniques ou animistes, où il y a consubstantialité entre l'homme et l'animal.* »

Néanmoins, la croyance religieuse fut importante pour le développement des sciences (comme l'avait présupposé Kant, en pensant à un scientifique là où il fallait chercher un religieux). En effet, le monothéisme fut – provoquant la mort des esprits et des dieux « naturels » –, la condition de la rupture du lien affectif ancestral à la nature ; permettant avec l'écriture (sans laquelle aucune science ne peut exister), une évolution de la rationalisation de la pensée. Mais cette rupture renforça pathologiquement le lien affectif au sujet culturel. La force pathologique du lien affectif est qu'il peut priver la pensée de toute rationalité. La science doit donc rendre grâce à l'erreur culturelle inconsciente qui fonde la civilisation, ainsi qu'à : Aménophis III, Akhenaton (Aménophis IV) et à Constantin 1er.

Emmanuel Kant. Critique de la raison pure. Préface à la seconde édition. Gallimard. Folio essais.1980.p. 42

sein d'une même organisation de vie, des transgressions particulières, conscientes et satisfaisantes dans le chef des auteurs et insatisfaisantes dans le chef des mêmes auteurs qui, tôt ou tard, deviendront des victimes, puisque tous à des degrés divers nous sommes contraints de transgresser les règles en vigueur. En effet, la nature rationnelle – dont nous sommes tous constitués, contrainte par le principe universel d'adaptation à l'équilibre énergétique rationnel et satisfaisant, social, ou naturel (que poursuit la volonté homéostatique), complété par le conditionnement culturel et pathologique à la transgression (la condition universelle aux transgressions)[57], en quête de satisfaction permanente (d'équilibre) – n'a que faire du respect de croyances, de valeurs et de contraintes culturelles arbitraires imposant un asservissement mutuel aux limites règlementées,

---

*« Mais il ne faut pas penser qu'il lui ait été aussi facile qu'à la logique, où la raison n'a affaire qu'à elle-même, de trouver cette route royale, ou plutôt de se la frayer. Je crois plutôt qu'elles en est restée longtemps aux **tâtonnements** (chez les Égyptiens avant tout), et que cette transformation est à attribuer à une **révolution, que produisit l'heureuse idée d'un seul homme, dans un essai après lequel il n'y avait plus à se tromper sur la voie à suivre, et le chemin sûr de la science se trouvait ouvert et tracé pour tous les temps et à des distances infinies.** L'histoire de cette révolution de la façon de penser, qui était beaucoup plus importante que la découverte du chemin par le fameux cap, et de l'homme qui eut le bonheur de l'accomplir n'est point parvenue jusqu'à nous. »*

[57]Ce conditionnement au « bien » et au « mal » culturels – tentant a posteriori (ce qui est impossible) de prévenir ou de corriger les erreurs dérivées d'une culture de la faute et de la sanction post-Mésolithiques et pré-monothéistes (les morales monothéistes et laïques n'étant que des dérivés évoluant) – va produire la condition universelle à la transgression, une créance conditionnée et donc inconsciente : l'impunité cautionne la transgression. En effet, le sujet sait, conditionné depuis la petite enfance, que les erreurs qui ne sont pas découvertes ne sont pas sanctionnées (pas vu, pas pris), de ce fait s'il croit être découvert et pense que le préjudice peut annuler le potentiel avantage de la transgression, nul ne s'autorisera à transgresser sciemment. Dans le cas contraire, ne pouvant démontrer, avant de commettre la transgression, qu'il ne souffrira pas de préjudice, la condition qui permet le passage à l'acte est bien une créance acquise par un conditionnement culturel pathologique. Nous reviendrons plus en détail, dans le Livre III, sur ce conditionnement singulier qui déstructure un sujet naturel dès la petite enfance.

qu'elles soient morales, économiques, ou légales; raisons suffisantes et pour lesquelles, elles sont en toute conscience et en permanence enfreintes, par une humanité forcée d'offenser l'intégrité de sa nature profonde en empruntant des voies de satisfactions déviantes [58].

La monnaie économique – qui permet d'officialiser l'échange énergétique contraint, par le rapport universel qu'elle crée entre des activités sociales et des biens de consommation aux valeurs marchandes arbitraires –, est un titre de créance universel, qui constitue la représentation matérialisée, antique et officielle, d'un droit de créance usurpé, prescrit à des individus transformés arbitrairement, par leurs semblables, en débiteurs contraints de rembourser une dette énergétique arbitraire, imposée, dès le Néolithique, par un Pouvoir totalitaire s'étant, au préalable, approprié le contrôle de la satisfaction du besoin physiologique premier, avec le premier monopole arbitraire, toujours d'actualité, sur la gestion de la production et de la distribution de la ressource alimentaire ; transformant en force

---

[58] *Arthur Schopenhauer. Le Monde comme volonté et comme représentation. Livre Quatrième. Second point de vue. PUF. 2009, p. 343*

« Arrivant à se connaître elle-même, la volonté de vie s'affirme et puis se nie. »

Ibid., p. 426

« En fait, on ne parlerait jamais de droit s'il n'y avait jamais d'injustice. La notion de droit n'enferme exactement que la négation du tort ; elle convient à toute action qui n'est pas une transgression de la limite ci-dessus déterminée, et qui ne consiste pas à nier la volonté d'autrui, pour la fortifier en nous.»

Ibid., p. 428

« Toutes les fois que j'ai un droit de contrainte, un droit absolu d'user de mes forces contre autrui, je peux également selon les circonstances, opposer à la violence d'autrui la ruse ; je n'aurai pas en cela tort ; en conséquence je possède un droit de mentir, dans la même mesure où je possède un droit de contraindre. »

de travail une fraction de la force physique – nécessaire à toute activité humaine –, contrainte d'être échangée – pour satisfaire le besoin physiologique premier (se nourrir) et donc gagner le droit de vivre[59]– contre, au départ, la nourriture néolithique et ensuite le titre de créance antique. Titre, ou monnaie, dont la valeur universelle d'échange, ou le pouvoir de recouvrement (d'achat), est garantie par l'organisation arbitraire du contrôle énergétique d'individus, contraints, pour rembourser une dette énergétique arbitraire, de vendre sans fin une force physique inséparable de sa source : *l'être humain* [60] ; par le simple fait

---

[59] *Karl Marx, op. cit, p. 574. Note 6*

« *Dans l'ancienne Rome, le* villicus, *l'économe qui était à la tête des esclaves agricoles, recevait une ration moindre que ceux-ci, parce que son travail était moins pénible. V. Th.* Mommsen : Hist. Rom., *1856, p. 810.* »

Ibid., p. 161. 162

« *Dans le monde antique, le mouvement de la lutte des classes a surtout la forme d'un combat, toujours renouvelé entre créanciers et débiteurs, et se termine à Rome par la défaite et la ruine du débiteur plébéien qui est remplacé par l'esclave. Au moyen âge, la lutte se termine par la ruine du débiteur féodal. Celui-là perd la puissance politique dès que croule la base économique qui en faisait le soutien. Cependant ce rapport monétaire de créancier à débiteur ne fait à ces deux époques que réfléchir à la surface des antagonismes plus profonds.* »

[60] *Ibid., p. 573. Note 3*

« *Je puis aliéner à un autre, pour un temps déterminé, l'usage de mes aptitudes corporelles et intellectuelles et de mon activité possible, parce que dans cette limite elles ne conservent qu'un rapport extérieur avec la totalité et la généralité de mon être; mais l'aliénation de tout mon temps réalisé dans le travail et de la totalité de ma production ferait de ce qu'il y a là-dedans de substantiel, c'est-à-dire de mon activité générale et de ma personnalité, la propriété d'autrui.* » (*Hegel,* Philosophie du droit, *Berlin, 1870, p.104, § 67.)* »

Considérer qu'il est possible de séparer, même pendant un temps déterminé, la force de travail de sa source – l'homme, l'animal ou la machine –, est, d'un point de vue rationnel ou éthique, une impossibilité qui conduit un homme à

qu'il est impossible, d'une part de vendre sa force physique sans vendre son corps et s'aliéner soi-même, et d'autre part – pour une communauté unie transformée en un peuple divisé –, de rembourser, quel que soit la quantité de richesse financière accumulée, une dette énergétique arbitraire qui génère, par l'asservissement de l'humanité, la valeur générale du système économique ; déséquilibre énergétique arbitraire usurpant un déséquilibre énergétique naturel que l'évolution technique pourrait malgré tout naturellement équilibrer, s'il n'était pas perpétuellement déséquilibré par une dette financière en permanence alimentée. L'asservissement de l'homme naturel par l'homme économique constitue l'usurpation d'un droit universel de créance énergétique, greffé sur un déséquilibre énergétique naturel, qu'il appartient à l'énergie de réguler dans le respect des lois naturelles [61].

Nous comprenons maintenant pourquoi, contrairement à la forme générale de contrainte à l'échange, si tout moyen particulier, comme par exemple le travail, peut recevoir une valeur d'échange marchand, la transmettre ou la perdre, il ne peut jamais la créer. En effet, attendu que les valeurs

---

se servir, légalement ou illégalement, d'un animal ou d'un être humain comme d'une machine!

[61] *Simone Weil, op. cit, p. 50*

« Il faut poser encore une fois le problème fondamental, à savoir en quoi consiste le lien qui semble jusqu'ici unir l'oppression sociale et le progrès dans les rapports de l'homme avec la nature. Si l'on considère en gros l'ensemble du développement humain jusqu'à nos jours, si surtout l'on oppose les peuplades primitives, organisées presque sans inégalité, à notre civilisation actuelle, il semble que l'homme ne puisse parvenir à alléger le joug des nécessités naturelles sans alourdir d'autant celui de l'oppression sociale, comme par le jeu d'un mystérieux équilibre. Et même, chose plus singulière encore, on dirait que, si la collectivité humaine s'est dans une large mesure affranchie du poids dont les forces démesurées de la nature accablent la faible humanité, elle a en revanche pris en quelque sorte la succession de la nature au point d'écraser l'individu d'une manière analogue. »

économiques particulières sont générées par l'arbitraire d'une régulation qui contraint l'activité humaine à l'échange, dès que des variables naturelles – déterminées par la contrainte d'une régulation énergétique naturelle, qui aura toujours le dernier mot – annulent la nature arbitraire de l'échange, les moyens particuliers deviennent superflus et perdent ainsi leur valeur d'échange particulière, puisqu'ils ne permettent plus d'atteindre le but final des échanges économiques contraints, en l'occurrence augmenter la richesse économique, en finalité le pouvoir d'asservissement et donc la valeur du capital. Raisons insuffisantes mais pour lesquelles ces moyens particuliers sont détruits, ou, exploités, discriminés, spoliés et finalement exterminés[62].

---

[62] *http://www.europarl.europa.eu/news/fr/news-oom/content/20120118IPR35648/html/Il-est-urgent-de-r%C3%A9duire-de-moiti%C3%A9-le-gaspillage-alimentaire-dans-l'UE*
Parlement européen/ actualité. Il est urgent de réduire de moitié le gaspillage alimentaire dans l'UE. Session plénière Communiqué de presse - **Agriculture** *– 19-01-2012 - 13:23*

« Près 50 % d'aliments sains sont gaspillés chaque année dans l'UE, par les ménages, les supermarchés, les restaurants et la chaîne alimentaire, alors que 79 millions de citoyens vivent au dessous du seuil de pauvreté et que 16 millions dépendent de l'aide alimentaire d'œuvres de charité. Dans une résolution adoptée jeudi, le Parlement demande des mesures urgentes en vue de réduire de moitié les gaspillages alimentaires d'ici 2025 et d'améliorer l'accès aux aliments pour les personnes démunies. »

http://www.who.int/mediacentre/factsheets/fs178/fr/
OMS
«Enfants: réduire la mortalité
Aide-mémoire N°178
Janvier 2016

Principaux faits
Quelque 5,9 millions d'enfants de moins de cinq ans sont morts en 2015.
Plus des deux tiers de ces décès sont dus à des maladies pouvant être évitées ou traitées au moyen d'interventions simples et peu coûteuses.
Les complications des naissances prématurées, l'asphyxie à la naissance, la pneumonie, la diarrhée et le paludisme sont les principales causes de

mortalité chez les enfants de moins de cinq ans. Environ 45% des décès d'enfants sont liés à la malnutrition.
En Afrique subsaharienne, la probabilité que les enfants meurent avant l'âge de 5 ans est 14 fois plus grande que dans les pays à revenu élevé. »

http://www.lexpress.fr/actualite/monde/europe/le-danemark-depose-un-projet-de-loi-pour-saisir-les-biens-de-valeur-des-refugies_1747142.html

LEXPRESS.fr, publié le 18/12/2015 à 12:50, mis à jour à 17:08

Le Danemark veut saisir les bijoux des réfugiés pour financer leur hébergement

«*Les bijoux et objets d'une valeur supérieure à 400 euros pourraient être saisis, si la proposition de loi était adoptée par le gouvernement danois. La mesure a suscité une pluie de critiques, les commentateurs la comparant avec la spoliation des juifs pendant la Seconde guerre mondiale.* »

Primo Levi, op.cit., p. 132

« *La loi du Lager disait : « Mange ton pain, et si tu peux celui de ton voisin» ; elle ignorait la gratitude.* »

Karl Marx. Section I, op.cit., p. 69

« *Une quantité plus considérable de valeurs d'usage forme évidemment une plus grande* richesse matérielle *; avec deux habits on peut habiller deux hommes, avec un habit on n'en peut habiller qu'un, seul, et ainsi de suite. Cependant, à une masse croissante de la richesse matérielle peut correspondre un décroissement simultané de sa valeur. Ce mouvement contradictoire provient du double caractère du travail. L'efficacité, dans un temps donné, d'un travail utile dépend de sa force productive. Le travail utile devient donc une source plus ou moins abondante de produits en raison directe de l'accroissement ou de la diminution de sa force productive. Par contre, une variation de cette dernière force n'atteint jamais directement le travail représenté dans la valeur. Comme la force productive appartient au travail concret et utile, elle ne saurait plus toucher le travail dès qu'on fait abstraction de sa forme utile. Quelles que soient les variations de sa force productive, le même travail, fonctionnant durant le même temps, se fixe toujours dans la même valeur. Mais il fournit dans un temps déterminé plus de valeurs d'usage, si sa force productive augmente, moins, si elle diminue. Tout changement dans la force productive, qui augmente la fécondité du travail et par conséquent la masse des valeurs d'usage livrées par lui, diminue*

L'objectif inconscient qui motive l'évolution du vivant est la recherche d'un équilibre énergétique naturel et permanent, déterminé par la mémoire originelle que forme l'équilibre électromagnétique de l'atome: adaptation constituant l'ultime progrès [63]. Si tel n'était pas le cas, l'humanité – pour protéger l'individu contre l'inhumanité d'un pouvoir arbitraire d'asservissement, de gestion et de contrôle d'une force physique inséparable de sa source, *l'être humain*, qui, faut-il le rappeler, n'est pas une machine – n'aurait pas ressenti le besoin de s'opposer – par la contestation, la lutte, et la création d'un droit social – au pouvoir sans limite d'un droit de créance totalitaire, en précisant, notamment dans un code du travail, les conditions et limites légales de l'asservissement d'un être humain né libre et transformé en travailleur ou en chômeur contraint [64]; ou, dans

---

la valeur de cette masse ainsi augmentée, s'il raccourcit le temps total de travail nécessaire à sa production, et il en est de même inversement. »

[63] Toute information possédant un équilibre énergétique permanent est une information adaptée, mémorielle ou éternelle, comme le démontre : la découverte de l'existence d'un art pariétal du paléolithique en parfait état de conservation ; l'existence, au 21ème siècle, d'une tribu amazonienne vivant totalement isolée de la civilisation, et jusqu'il y a peu totalement inconnue ; les 17 siècles d'absence totale d'évolution sociale qui caractérise la communauté agricole des Hani ; ou encore, le simple constat de la transformation, par la mort, de la matière organique en matière fossile équilibrée.

Léonardo da Vinci. Les carnets de Léonard de Vinci. Tel Gallimard. B.M.156 v. p. 79

« Considère l'espoir et le désir (pareil à l'élan du phalène vers la lumière) qu'éprouve l'homme de se rapatrier et de retrouver le chaos primordial. Avec un désir continuel, il attend joyeusement chaque printemps nouveau et chaque nouvel été, et les mois nouveaux et les années nouvelles, et trouve que les choses souhaitées sont trop lentes à venir, sans comprendre qu'il aspire à sa propre destruction. Mais la quintessence de cette aspiration compose l'esprit des éléments, lequel se trouvant captif dans la vie du corps humain, veut perpétuellement retourner à son mandant. »

[64] *Karl Marx, op.cit., p. 573. Note 3*

« *Diverses législations établissent un maximum pour le contrat du travail. Tous les codes des peuples chez lesquels le travail est libre règlent les conditions de résiliation de ce contrat. Dans différents pays, notamment au Mexique, l'esclavage est dissimulé sous une forme qui porte le nom de* péonage *(Il en était ainsi dans les territoires détachés du Mexique avant la guerre civile américaine et, sinon de nom au moins de fait, dans les provinces danubiennes jusqu'au temps de Couza). Au moyen d'avances qui sont à déduire sur le travail et qui se transmettent d'une génération à l'autre, non seulement le travailleur mais encore sa famille, deviennent la propriété d'autres personnes et de leurs familles. Juarez avait aboli le péonage au Mexique. Le soi-disant empereur Maximilien le rétablit par un décret que la Chambre des représentants à Washington dénonça à juste titre comme un décret pour le rétablissement de l'esclavage au Mexique.* »

Ibid. Section II. p. 272. 273

« *M. Broughton, magistrat de comté, déclarait comme président d'un meeting, tenu à la mairie de Nottingham le 14 janvier 1860, qu'il règne dans la partie de la population de la ville occupée à la fabrication des dentelles un degré de misère et de dénuement inconnu au reste du monde civilisé... Vers 2, 3 et 4 heures du matin, des enfants de neuf à dix ans, sont arrachés de leurs lits malpropres et forcés à travailler pour leur simple subsistance jusqu'à 10, 11 et 12 heures de la nuit. La maigreur les réduit à l'état de squelettes, leur taille se rabougrit, les traits de leur visage s'effacent et tout leur être se raidit dans une torpeur telle que l'aspect seul en donne le frisson... Nous ne sommes pas étonnés que M. Mallet et d'autres fabricants se soient présentés pour protester contre toute espèce de discussion... Le système, tel que l'a décrit le Rév. M. Montagu Valpu, est un système d'esclavage sans limites, esclavage à tous les points de vue, social, physique, moral et intellectuel... Que doit-on penser d'une ville qui organise un meeting public pour demander que le temps de travail quotidien pour les adultes soit réduit à dix-huit heures !... Nous déclamons contre les planteurs de la Virginie et de la Caroline. Leur marché d'esclaves nègres avec toutes les horreurs des coups de fouet, leur trafic de chair humaine sont-ils donc plus horribles que cette lente immolation d'hommes qui n'a lieu que dans le but de fabriquer des voiles et des cols de chemise, pour le profit des capitalistes ?* »

L'organisation sociale arbitraire, générant la valeur générale – déterminant tous les systèmes concentrationnaires particuliers –, s'apparente à celle d'un astre solaire qui, pour naître, exister et finalement s'éteindre, doit se nourrir et épuiser toute l'énergie dont il se compose, en l'occurrence l'espèce humaine. Contrairement au système solaire, l'humanité a généré cette organisation « sociale » – même si ce fut de manière inconsciente –, il est donc possible d'y mettre fin.

une déclaration universelle, en permanence bafouée, les droits d'un homme arbitrairement civilisé et toujours aliéné au pouvoir d'un droit de créance totalitaire qui, potentiellement, peut aussi le contraindre à faire un séjour dans l'une et / ou l'autre de ces institutions emblématiques que constituent la prison et l'asile psychiatrique [65]. Pouvoir arbitraire de contrôle des individus, sans lequel les banques centrales nationales européennes, en ce début de 21ème siècle, n'auraient pas pu garantir – par l'entretien d'une dette énergétique arbitraire et l'aliénation de la pensée humaine au pouvoir d'un droit de créance totalitaire – la valeur des fonds monétaires destinés, par le rachat massif de créances détenues par les banques et assurances privées, à fournir l'apport équivalent en liquidités; permettant les prêts nécessaires aux financement des nouveaux investissements, indispensables à la relance d'une économie à bout de souffle (du fait d'un échange contraint qui se heurte à la réalité d'une limite imposée par les lois d'une régulation naturelle, qui ne pourront jamais être asservies), qui, faute de dette énergétique arbitraire et donc de contrainte arbitraire à l'échange de la force physique humaine, n'aurait plus aucune raison d'être. En effet, attendu que la valeur particulière du titre de créance se fonde sur un État arbitraire imposant un droit de créance usurpé, dont la valeur générale dépend de son pouvoir d'asservissement; tout ce qui rend inutile l'échange contraint, érode, par la destruction de la valeur d' échange d'une marchandise redevenue un bien à

---

[65] *http://www.assemblee-nationale.fr/14/rap-info/i1085.asp*
COMMISSION DES AFFAIRES SOCIALES. La santé mentale et l'avenir de la psychiatrie : rapport d'étape. Denys ROBILIARD, Député.

« Enfin, le Pr. Antoine Lazarus s'inquiète du phénomène suivant : « Les personnes hospitalisées sous contrainte après une infraction ou un trouble à l'ordre public vont aller soit vers la psychiatrie, soit vers la prison, le plus souvent faute de dispositif intermédiaire qui permettrait d'éviter de recourir à l'une ou l'autre de ces solutions. » Sa conclusion est préoccupante : « Je me demande, pour ce qui est des hospitalisations sous contrainte, si certaines hospitalisations ou incarcérations sont décidées par défaut. »

valeur d'usage naturel, le pouvoir de la forme valeur générale d'échange et, a fortiori, celui du capital, et de l'État qui l'impose; raison suffisante et pour laquelle le régime politique de l' Union des républiques socialistes soviétiques s'effondra [66].

L'unité arithmétique arbitrairement valorisée est la condition, historique et légale, de la division économique d'un pouvoir totalitaire, dont la forme politique arbitraire est la démocratie [67].

---

[66] *Karl Marx. Section IV, op.cit., p. 432. 433*

« Si un laboureur », dit M. Ashworth, un des cotton lords d'Angleterre, faisant la leçon au professeur Nassau W. Senior, « si un laboureur dépose sa pioche, il rend inutile pour tout ce temps un capital de douze pence (1 franc 25 centimes). Quand un de nos hommes abandonne la fabrique, il rend inutile un capital qui a coûté cent mille livres sterling (2 500 000 francs). » Il suffit d'y penser ! Rendre inutile, ne fût-ce que pour une seconde, un capital de cent mille livres sterling ! C'est à demander vengeance au ciel quand un de nos hommes se permet de quitter la fabrique ! »

[67]L'invention de la représentation picturale fut motivée par le besoin naturel, obéissant au principe biologique général de la reproduction cellulaire, de doubler la perception sensorielle de l'information (nous aborderons ce sujet plus en détail dans le Livre III). La première fonction technique de la représentation scripturale est, par conséquent, de doubler l'information ; et la première fonction arithmétique de l'unité est la division, sans laquelle aucune addition n'est possible.

René Descartes. Règles pour la direction de l'esprit.1628. Règle septième

https://upload.wikimedia.org/wikisource/fr/a/ab/RDE.pdf

« En effet, si je veux prouver par énumération combien il y a d'êtres corporels, ou qui tombent sous les sens, je ne dirai pas qu'il y en a un tel nombre, ni plus ou moins, avant de savoir avec certitude que je les ai rapportés tous et distingués les uns des autres. »

Adam Smith ignorait que le pouvoir d'un droit de créance totalitaire – permettant à un seul homme de détenir tous les pouvoirs : administratif, militaire, législatif et religieux – fut divisé ou démocratisé par le titre de créance arbitraire ou l'unité arithmétique valorisée (la monnaie).

Aucun être humain émancipé ne peut désirer être investi d'un pouvoir politique arbitraire, l'autorisant à diriger ses semblables, dans le cadre précis et légal d'une organisation pyramidale d'asservissement énergétique mutuel, héritée des civilisations antiques, et qui fonde tout État économique démocratique (ou totalitaire) ; pour les simples raisons que l'arbitraire d'un pouvoir démocratique est forcément et donc totalement impuissant à régler les maux qu'il génère, et permet, avec l'assentiment de la majorité d'un peuple, d'organiser l'éradication de toute opposition idéologique, d'imposer un État totalitaire, de mettre l'humanité à feu et à sang, et de commettre des crimes de masse contre l'humanité.

La compréhension du système économique capitaliste passe par la compréhension de la pensée irrationnelle qui fut à l'origine de l'évolution qui transforma une culture orale naturellement libre en une culture scripturale totalement

---

Adam Smith. op. cit, p. 28

«Richesse, c'est pouvoir, a dit Hobbes; mais celui qui acquiert une grande fortune ou qui l'a reçue par héritage, n'acquiert par là nécessairement aucun pouvoir politique, soit civil, soit militaire. Peut-être sa fortune pourra-t-elle lui fournir les moyens d'acquérir l'un ou l'autre de ces pouvoirs, mais la simple possession de cette fortune ne les lui transmet pas nécessairement. Le genre de pouvoir que cette possession lui transmet immédiatement et directement, c'est le pouvoir d'acheter; c'est un droit de commandement sur tout le travail d'autrui, ou sur tout le produit de ce travail existant alors au marché. »

Joseph Schumpeter. op. cit, p. 222

« (...); et il n'est pas de démocratie connue (en dehors des communautés rurales) qui ne se soit développée dans le sillage du capitalisme, tant ancien que moderne. »

arbitraire. Contrairement à la valeur de la richesse capitaliste ou du pouvoir politique – qui ne peut se réaliser que sous la contrainte d' une régulation énergétique arbitraire des forces physiques de travail, dans le cadre d'un ordre légal protégé par des forces physiques armées (forces qui constituent les deux piliers inaliénables de tout État arbitraire, totalitaire ou démocratique, et sans lesquels il ne peut être érigé) –, la valeur naturelle de la richesse, propre à l'organisation sociale des cultures dites « primitives », est intègre, immuable, universellement reconnue et respectée, parce que n'étant pas arbitrairement échangée ou mesurée, elle se réalise dans le cadre rationnel d'une régulation naturelle par répartition, en dehors de toute contrainte arbitraire de l'individu ; préservant l'intégrité physique et morale de chaque individu, elle ne nécessite aucune forme de représentation politique ni de protection, parce que ne conférant aucun pouvoir arbitraire, elle ne génère aucune forme de comportement socialement déviant et donc aucune forme d'autorité de contrôle ou de répression.

Contrairement aux cultures dites « primitives » et à toutes les autres espèces vivantes, l'humanité arbitrairement civilisée semble inapte à toute adaptation, qu'elle soit sociale ou environnementale; pour la simple raison qu'elle utilise l'idée en dehors d'un cadre naturel, formé par l' hypothèse (dans le domaine des sciences) et l'inspiration (dans les domaines des techniques, des arts et des religions) ; pervertissant la régulation naturelle de l'énergie par une gestion culturelle de valeurs arbitraires, en utilisant un étalon de mesure n'ayant aucun rapport avec l'élément qu'il est censé mesurer : la valeur naturelle de *l'énergie*. C'est l'inadaptation sociale de l'espèce humaine (le milieu interne), provoquée par la création d'une organisation sociale arbitraire, qui empêche son adaptation au milieu naturel externe (l'environnement) ; les deux adaptations sont donc liées et indissociables. C'est pourquoi, le respect de l'environnement, ou du vivant en général, ne passe pas, comme le pensent certains, par l'éducation des individus à sa protection mais par l'adaptation sociale de l'espèce humaine ou sa disparition.

61

Le monopole arbitraire sur la régulation énergétique – institutionnalisant le droit de créance usurpé et les échanges énergétiques contraints par une subordination alimentaire arbitraire – permit l'asservissement et la division d'individus semblables, en forces physiques de travail et en forces de protection d'un ordre arbitraire devenu légal. L'évolution sociale et religieuse, produite par les nouveaux besoins d'un pouvoir oisif – déchargé de la contrainte naturelle d'un labeur physique, par l'arbitraire d'une structure pyramidale toujours d'actualité dans toutes les formes d'organisations économiques, religieuses, politiques totalitaires ou démocratiques, tant publiques que privées, légales ou illégales –, généra de nouveaux besoins, de nouvelles activités, fonctions et hiérarchies ; divisant le pouvoir totalitaire d'un droit général de créance par la valorisation arbitraire de l'unité arithmétique, indispensable à l'institutionnalisation des nouvelles et multiples formes d' échanges contraints (accompagnés de leur cadre économique légal ou illégal); transférant ainsi une partie du « Pouvoir incarné » d'asservissement, issu du monopole arbitraire du contrôle énergétique, sur une monnaie capitalisable et « désincarnée »[68] ; permettant l'essor du profit économique de protection (la réserve économique supplantant virtuellement la réserve alimentaire), profit sans lequel aucune réserve, acquise par accumulation (épargne), ni aucun investissement, n'est possible. Ceci permit la fragmentation historique, ou la « démocratisation » d'un pouvoir totalitaire d'asservissement, contraint d'être partagé avec de nouvelles classes économiques, en revêtant le voile impersonnel des institutions démocratiques athéniennes (garantes des libertés…). Organisation étatique donnant l'illusion, grâce à

---

[68] Le titre de créance certifié par le sceau-cylindre antique – contrat arbitraire matérialisant l'échange contraint de l'excédent alimentaire (l'impôt-profit) et de la force physique de travail contre la ration alimentaire et quotidienne de survie – pouvant être cédé, fut, à mon sens, la première forme de monnaie économique universelle; chaque titre de créance représentant intrinsèquement une unité valorisée, permettant ultérieurement de calculer un prix. Le support monétaire ne se transformera ensuite que dans un but pratique, en s'adaptant à l'évolution économique et technique.

une monnaie impersonnelle mais arbitrairement valorisée, d'un consentement libre et universel comme base à l' organisation politique arbitraire de tout État démocratique, et donc aussi d'une émancipation retrouvée; puisque tout individu né libre, arbitrairement asservi par l'économie d'un marché contraint, mais politiquement représenté, est légalement l'égal de ses semblables, libre de choisir ses représentants politiques, de s'exprimer et de se déterminer, de naître ou de devenir pauvre, d'asservir et d'être économiquement asservi, légalement ou illégalement; mais aussi, par accumulation illimitée, légale ou illégale, d'unités arithmétiques valorisées (dans un monde énergétique limité), de naître ou de devenir riche. En finalité, toujours contraint, par le renversement du moyen culturel et de la fin naturelle, de transgresser les limites morales et légales en vigueur [69].

---

[69] Auraient-ils pu imaginer, les travailleurs asservis dans les chaînes de montage des premières usines concentrationnaires Ford, que leur force physique de travail, transformée en capital financier, pouvait être détournée, par le seul désir perverti d'un homme civilisé, pour servir l'idéologie nazie et ses crimes contre l'humanité. Sans la phobie universelle à l'être semblable, le contrôle arbitraire de l'énergie, l'asservissement de sa population, et la structure pyramidale d'un pouvoir arbitraire, comment une nation démocratique comme les États-Unis d'Amérique, gouvernée par une poignée d'individus, aurait-elle pu se donner les moyens d'imposer une politique impérialiste, en finançant la plus puissante armée au monde, des services secrets fomentant des coups d'État, des base militaires déployées à travers toute la planète, et de multiples guerres.

Simone Weil, op. cit, p. 51

« Les efforts du travailleur moderne lui sont imposés par une contrainte aussi brutale, aussi impitoyable et qui le serre d'aussi près que la faim serre de près le chasseur primitif ; depuis ce chasseur primitif jusqu'à l'ouvrier de nos grandes fabriques, en passant par les travailleurs égyptiens menés à coups de fouet, par les esclaves antiques, par les serfs du moyen âge que menaçait constamment l'épée des seigneurs, les hommes n'ont jamais cessé d'être poussés au travail par une force extérieure et sous peine de mort presque immédiate. Et quant à l'enchaînement des mouvements du travail, il est souvent, lui aussi, imposé du dehors à nos ouvriers tout comme aux hommes primitifs, et aussi mystérieux aux premiers qu'aux seconds ; bien plus, dans ce domaine, la contrainte est en certains cas sans comparaison plus brutale aujourd'hui qu'elle n'a jamais été ; si livré que pût être un homme primitif à la routine et aux tâtonnements aveugles, il pouvait au moins tenter de réfléchir,

Il est bien évidement certain que pour posséder le pouvoir de valoriser arbitrairement l'unité arithmétique et battre monnaie – c'est à dire créer un tire de créance arbitraire, matérialisant un

---

de combiner et d'innover à ses risques et périls, liberté dont un travailleur à la chaîne est absolument privé.»

Hannah Arendt ne semble pas avoir pris conscience du rôle capital que joue l'interface monétaire dans le transfert antique d'une partie du pouvoir d'asservissement vers les nouvelles classes économiques possédantes ; interface monétaire qui masque le fondement arbitraire de toute organisation étatique, en donnant l'illusion d'un *consentement authentique* à l'organisation politique d'un État démocratique.

Hannah Arendt, op. cit, p. 25

À la différence de la structure économique, la structure politique ne peut pas s'étendre à l'infini parce qu'elle ne se fonde pas sur la productivité de l'homme qui, elle, est illimitée. De toutes les formes de gouvernent et d'organisation des gens, l'État-nation est la moins favorable à une croissance illimitée, car le consentement authentique sur lequel il repose ne peut se perpétuer indéfiniment ; il ne s'obtient que rarement, et non sans peine, des peuples conquis. Aucun État-nation ne pourrait songer à conquérir en toute conscience des peuples étrangers, puisqu'une telle conscience suppose que la nation conquérante ait la conviction d'imposer une loi supérieure à des barbares 7. Or, la nation considère sa loi comme l'émanation d'une substance nationale unique, sans validité au-delà de son propre peuple et des frontières de son territoire.

*7 « Cette mauvaise conscience née de la **croyance au consentement comme base de toute organisation politique** est parfaitement décrite par Harold Nicolson,* Curzon : The Last Phase 1919-1925,*1934, dans son analyse de la politique britannique en Égypte :"La justification de notre présence en Égypte demeure fondée, non pas sur le droit acceptable de la conquête, ou sur la force, **mais sur notre propre croyance au principe du consentement.** Ce principe, en 1919, n'existait sous aucune forme précise ; il a été remis en question de façon dramatique en Égypte par les violents évènements de mars 1919. " »*

droit de créance totalitaire, sur une dette énergétique arbitraire transformée en dette financière imaginaire –, il faut à l'origine d'abord posséder le monopole arbitraire du contrôle de l'excédent énergétique alimentaire, et par conséquent avoir préalablement asservi les forces physiques de travail. Sans cette condition, qui fut à l'origine de la naissance d'un État et d'une civilisation arbitraires, aucune monnaie ne peut servir de valeur économique d'échange contraint, puisqu'elle serait privée de *sa garantie originelle* (qui constitue *sa valeur*), c'est-à-dire *l'équivalent énergétique arbitrairement contrôlé : les ressources énergétiques, les forces physiques de travail et les forces de l'ordre*. Une monnaie qui ne permettrait pas d'acheter le pain quotidien, libérant les forces physiques de l'asservissement mutuel, n'aurait plus aucune valeur.

La fonction du politique s'apparente à celle du maître des Enfers qui condamna les Danaïdes à remplir éternellement des jarres percées. En effet, il est impossible d'éradiquer les maux générés par un droit de créance totalitaire, en prélevant et en redistribuant un pourcentage de titres d'une créance arbitraire – résultant de l'échange contraint de la force physique de travail de la fraction d'individus économiquement utiles –, dont la valeur est garantie par l'asservissement de l'humanité à ce droit de créance totalitaire!

Si l'on ignore les données psychologiques, mésolithiques, néolithiques et antiques qui sont à l'origine de l'échange contraint qui fonde l'économie d'une organisation politique arbitraire, comment peut-on comprendre les effets néfastes de la civilisation, démontrer qu'ils sont la conséquence de comportements arbitraires, et a fortiori changer de voie en tentant de contrôler ou même de corriger un système irrationnel ? Il est impossible d'envisager de convaincre des milliards d'individus, assujettis aux « Pouvoirs », de s'émanciper du système pathogène de régulation de l'énergie qui les domine, si son irrationalité absolue n'est pas scientifiquement avérée. Démontrer que le fondement mésolithique de la matrice économique est le résultat d'une réflexion totalement irrationnelle qui fut à l'origine d'un échange contraint, provoquant un déséquilibre énergétique sans précédent parce que totalement arbitraire ; permet d'une part de comprendre l'irrationalité de tout combat idéologique, et d'autre part d'envisager le remplacement d'une organisation étatique au pouvoir arbitraire ; dont certains, prétextant du caractère démocratique des institutions, justifient aveuglément l'existence, et tentent désespérément de corriger les effets pervers en proposant un problème en guise de solution, en l'occurrence : *une allocation universelle,* dont ils ignorent le fondement totalitaire de la valeur ; tout en espérant ne jamais faire partie de cette frange de la population soumise aux plus fortes misères économiques, ou à celle qui, sans distinctions économiques, d'origines, de couleurs ou de religions, peut faire un séjour dans un hôpital psychiatrique, commettre des crimes et des délits, ou les subir, finir en prison ou se suicider [70].

---

[70] Dans son ouvrage *« Le Capital du XXIe siècle » Éditions du Seuil 2013,* Thomas Piketty utilise à plusieurs reprises le terme *« arbitraire » (pages 16, 56, 87, 236, 527, 709, 796...)* pour qualifier des inégalités, des rendements, des enrichissements, des prix, des décisions, des affirmations, des prélèvements, mais à aucun moment il n'aborde l'étude de la valeur générale pour démonter l'exactitude de son sentiment, en recherchant l'origine mésolithique de l'arbitraire *(l'appropriation p. 85, le monopole p. 338, la structure des inégalités p.415, l'évolution historique des inégalités p. 427, situation de monopsone p. 495);* il y dénonce un système de prix et un marché sans limite ni morale et des fortunes sans justification rationnelle et sans utilité sociale*(p.23, p. 370, p. 708)* mais pourtant légaux... Comme nous le savons, l'intime conviction même légale peut transformer un innocent en coupable et inversement, c'est pourquoi son ouvrage aurait été parfait s'il avait vérifié un point de vue qu'en l'occurrence je partage entièrement, puisque la théorie sur « la Matrice du Capital » le démontre. De ce fait, les affirmations non démontrées des pages : *17, "La question des répartitions des richesses (...), qu'aucune analyse prétendument scientifique ne saurait apaiser.";* 18, *« L'analyse savante ne mettra jamais fin aux violents conflits suscités par les inégalités »;* et 794, *« sans impôts, il ne peut exister de destin commun et de capacité collective à agir. »,* sont arbitraires. En effet, comme nous le savons aussi, l'essence du cerveau, et donc de la pensée rationnelle ou irrationnelle, étant essentiellement constituée d'atomes, le problème « conflictuel » ne peut être résolu que par une analyse scientifique ou rationnelle des causes. D'autre part je voudrais aussi m'inscrire en faux contre l'idée généralement admise, véhiculée notamment par Schumpeter, d'un « schéma économique » constituant la matrice de la logique, du progrès et de

l'innovation; si la pensée avait dû attendre l'avènement du schéma économique pour devenir rationnelle et innovante, l'homme en serait toujours au stade animal. Privé de conscience il n'aurait jamais inventé l'unité arithmétique, la roue, découvert l'agriculture, le curare en Amazonie, la diamphotoxine en Afrique australe, ni même maîtrisé le feu, bref notre mémoire atomique (l'essence de la rationalité, j'y reviendrai dans le Livre III) n'existerait pas. En fait, comme nous pouvons le constater, à l'échelle de l'évolution de la matière organique et de l'adaptation des différentes espèces animales (3,5 milliards d'années), c'est tout le contraire que produit l'échange économique puisque non seulement il empêche, depuis quelques milliers d'années, toute adaptation sociale chez l'espèce humaine civilisée (je rappelle que par définition ce qui évolue n'est pas adapté, et ce quel que soit le domaine et le niveau de développement technique ou scientifique atteint), mais il contraint aussi à altérer, en toute conscience, le milieu naturel auquel les autres espèces se sont parfaitement adaptées (dans l'absolu nous sommes devenus la seule espèce inadaptée parce que la moins rationnelle et donc la plus dangereuse).

La théorie – soumise au jugement du lecteur – corrobore l'analyse de Thomas Piketty sur les effets divergents de la concentration du capital (du pouvoir économique) mais s'oppose, d'un point de vue strictement rationnel, à la solution qu'il propose. En effet, « un ordre social plus juste » ne peut pas être « rationnel » (p.370), naturel, ou moral, attendu que comme le sait parfaitement Thomas Piketty, il sera toujours injuste.

Ibid., p. 122
« *Le principal mécanisme permettant la convergence entre pays est la diffusion des connaissances au niveau international comme au niveau domestique.* »

Ibid., p. 123
« *(...) et non pas en devenant la propriété des plus riches.* » *.p. 403* « *on dispose de plus de pouvoir non seulement sur ses achats mais également sur les autres.* ».

Ibid., p. 598
« *(...) il est illusoire d'imaginer qu'il existe dans la structure de la croissance moderne ou dans la loi de l'économie de marché, des forces de convergence menant naturellement à une réduction des inégalités patrimoniales ou à une harmonieuse stabilisation.* »

Vouloir réduire les inégalités économiques part d'un bon sentiment mais constitue le résultat d'une mauvaise compréhension du problème ; en effet, si le problème est le « Pouvoir», est-il rationnel, en guise de solution, de proposer un autre « Pouvoir », même si on lui donne le nom de *« contre-pouvoir » (p. 528)* ?

Conclusion

Pour retrouver l'irrationalité culturelle qui fut à l'origine des maux de la civilisation, il est nécessaire, en respectant la chronologie des évènements, de rebrousser chemin afin d' identifier les fondements d'une contrainte culturelle, qui enchaîna une humanité naturelle: le principe général arbitraire de régulation par échange contraint de l'énergie; ce que, sans pouvoir l'identifier, Emmanuel Kant nomma: « *Le principe subjectif premier* », et la théologie chrétienne : « *Le péché originel* ». [71] Solution qui fut le résultat d'une pensée irrationnelle imposée pour résoudre le problème imaginaire, mystifié en croyance universelle parce que qualifié arbitrairement d'insatisfaisant : *l'être indifférent.*

---

[71] Comme nous le démontrerons dans les Livres II et III, l'erreur d' Emmanuel Kant fut de penser que l'acceptation d'un « principe subjectif » est libre.

http://classiques.uqac.ca/classiques/kant_emmanuel/religion_limites_raison/r eligion.html

Emmanuel Kant – La Religion dans les limites de la simple Raison (1794), p. 25. Note en bas de page n° 1

« Que le principe subjectif premier de l'acceptation des maximes morales soit impénétrable, c'est une chose dont il est aisé de se rendre compte. En effet, puisque cette acceptation est libre, le principe (en vertu duquel, par exemple, j'ai adopté plutôt une mauvaise qu'une bonne maxime) ne doit pas en être cherché dans un mobile naturel, mais toujours encore dans une maxime; et comme il faut que celle-ci ait également son principe et que l'on ne peut ni ne doit, hormis la maxime, mettre en avant un principe de détermination du libre arbitre, on se verra contraint d'aller toujours plus loin et de remonter jusqu'à l'infini dans la série des principes subjectifs de détermination, sans pouvoir arriver au principe premier. »

Léonardo da Vinci, op.cit., Tr. 53 a. p. 70

« Rien ne peut être inscrit comme étant le résultat de recherche nouvelle ».

Arrivé à ce stade de la théorie, il est compréhensible qu'un être humain légalement civilisé – par un « Pouvoir » arbitraire faisant régner l'asservissement mutuel ; et n'ayant de ce fait pas encore récupéré son intégrité physique et morale, son émancipation intellectuelle et donc ses dispositions rationnelles naturelles – ait encore une bien piètre opinion de l'humain, en finalité de lui-même; [72]et puisse, je le crains, brûler d'envie de poser la question endogène (sans fondement rationnel), en pensant aux tâches des travailleurs les plus mal rémunérés : dans ces conditions qui voudra encore « travailler », qui aura la volonté naturelle d'accomplir son devoir rationnel en participant à l'effort commun, qui permettra d'atteindre l'équilibre énergétique global, en remplaçant l'échange énergétique contraint par la répartition énergétique libre,

---

[72]https://fr.wikisource.org/wiki/La_Religion_dans_les_limites_de_la_simple_raison/Troisi%C3%A8me_partie

Emmanuel Kant – La Religion dans les limites de la simple Raison (1794).(200)

« Et par mérite ici il ne faut pas entendre un excédent de la moralité relativement à la loi (car nous ne pouvons jamais observer la loi plus parfaitement que nous n'y sommes obligés), **mais ce par quoi on vaut mieux que les autres hommes, au point de vue de l'intention morale.** »

http://classiques.uqac.ca/classiques/kant_emmanuel/fondements_meta_moeurs/fondem_metamoeurs.pdf.

Emmanuel Kant. Fondements de la métaphysique des mœurs. p. 35. 36

« Or il voit bien que sans doute une nature selon cette loi universelle pourrait toujours encore subsister, alors même que l'homme (**comme l'insulaire de la mer du Sud**) laisserait rouiller son talent et ne songerait qu'à tourner sa vie vers l'oisiveté, le plaisir, la propagation de l'espèce, en un mot, vers la jouissance ; mais **il ne peut absolument pas VOULOIR que cela devienne une loi universelle de la nature, ou que cela soit implanté comme tel en nous par un instinct naturel.** Car, en tant qu'être raisonnable, il veut nécessairement que toutes les facultés soient développées en lui parce qu'elles lui sont utiles et qu'elles lui sont données pour toutes sortes de fins possibles. »

permettant de rendre naturellement sociale la régulation énergétique [73]?

Attendu que l'équilibre énergétique de l'atome, en interaction avec le milieu énergétique naturellement déséquilibré, détermine la vie organique au sein de laquelle règne la loi biologique de la répartition énergétique, il n'y a pas d'alternative humaine possible, c'est l'énergie – le régulateur moral universel que Kant décréta impossible à découvrir (nous aborderons plus précisément cette question dans le Livre II) [74]– qui fixe toujours la voie à suivre : l'évolution qui mène ou non à l'adaptation. En effet, il ne revient jamais à la pensée consciente de décider si l'individu va, ou non, collaborer à l'activité sociale qui permet de confondre l'intérêt particulier et

---

[73] *Simone Weil. op. cit, p. 55*

« Quant aux tentatives pour conserver la technique en secouant l'oppression, elles suscitent aussitôt une telle paresse et un tel désordre que ceux qui s'y sont livrés se trouvent le plus souvent contraints de remettre presque aussitôt la tête sous le joug ; l'expérience en a été faite sur une petite échelle dans les coopératives de production, sur une vaste échelle lors de la révolution russe. Il semblerait que l'homme naisse esclave, et que la servitude soit sa condition propre.»

[74] *http://classiques.uqac.ca/*
Emmanuel Kant. Fondements de la métaphysique des mœurs. Troisième section : PASSAGE DE LA METAPHYSIQUE DES MOEURS A LA CRITIQUE DE LA RAISON PURE PRATIQUE, p. 67

*« **Or comment une raison pure, sans autres mobiles d'où qu'ils soient tirés, peut par elle-même être pratique,** c'est-à-dire comment le simple principe de la validité universelle de toutes ses maximes comme lois (lequel serait assurément la forme d'une raison pure pratique), sans aucune matière (objet) de la volonté à quoi on puisse prendre d'avance quelque intérêt, peut par lui-même fournir un mobile et produire un intérêt qui peut être dit purement moral ; ou, en d'autres termes, **comment une raison pure peut être pratique, expliquer cela, c'est ce dont est absolument incapable toute raison humaine, et toute peine, tout travail pour en chercher l'explication, est en pure perte.** »*

l'intérêt général ; dans le cas contraire, la cellule humaine originelle, l'inconscience et la conscience, la rationalité, l'irrationalité et l'imaginaire, qui fondent l'humanité et l'inhumanité d'une civilisation de la discorde, n'auraient jamais vu le jour. Un être émancipé acceptera de collaborer et de se subordonner naturellement, sous la seule autorité d'une volonté commune retrouvée, non pas comme un être possédant une qualification de valeur inférieure mais comme un sujet naturel indispensable à la réalisation des fonctions sociales qu'il reconnaîtra comme siennes [75].

---

[75] *Simone Weil, op.cit, p. 76*

« Si les analyses précédentes sont correctes, la civilisation la plus pleinement humaine serait celle qui aurait le travail manuel pour centre, celle où le travail manuel constituerait la suprême valeur. Il ne s'agit de rien de pareil à la religion de la production qui régnait en Amérique pendant la période de prospérité, qui règne en Russie depuis le plan quinquennal ; car cette religion a pour objet véritable les produits du travail et non le travailleur, les choses et non l'homme. Ce n'est pas par son rapport avec ce qu'il produit que le travail manuel doit devenir la valeur la plus haute, mais par son rapport avec l'homme qui l'exécute ; il ne doit pas être l'objet d'honneurs ou de récompenses, mais constituer pour chaque être humain ce dont il a besoin le plus essentiellement pour que sa vie prenne par elle-même un sens et une valeur à ses propres yeux. »

Ibid., p. 72

« ...la contrainte extérieure, devenue inutile et nuisible, est remplacée par une sorte de contrainte intérieure... »

« Les hommes seraient à vrai dire pris dans des liens collectifs, mais exclusivement en leur qualité d'hommes ; ils ne seraient jamais traités les uns par les autres comme des choses. Chacun verrait en chaque compagnon de travail un autre soi-même placé à un autre poste, et l'aimerait comme le veut la maxime évangélique. Ainsi l'on posséderait en plus de la liberté un bien plus précieux encore ; car si rien n'est plus odieux que l'humiliation et l'avilissement de l'homme par l'homme, rien n'est si beau ni si doux que l'amitié. »

Ibid., p. 71

Finalement, la question est de savoir si l'humanité arbitrairement civilisée sera capable de se libérer en adoptant la régulation énergétique rationnelle des cultures dites « primitives », qui, pour la première fois de son existence, lui permettra de créer non seulement, les conditions fondamentales d'une évolution naturelle menant à une définitive adaptation sociale et environnementale, permettant de vider les prisons, les asiles psychiatriques et les zoos; mais aussi de mettre fin , libéré du joug économique, à l'emprisonnement des intelligences par la formation de chaque cerveau de la communauté mondiale aux sciences, aux techniques et aux arts, dans les seules limites naturelles de ses propres préférences et capacités [76].

« Il n'y a qu'une seule et même raison pour tous les hommes ; ils ne deviennent étrangers et impénétrables les uns aux autres que lorsqu'ils s'en écartent ; ainsi une société où toute la vie matérielle aurait pour condition nécessaire et suffisante que chacun exerce sa raison pourrait être tout à fait transparente pour chaque esprit ».

« Ainsi, si l'on veut former, d'une manière purement théorique, la conception d'une société où la vie collective serait soumise aux hommes considérés en tant qu'individus au lieu de se les soumettre, il faut se représenter une forme de vie matérielle dans laquelle n'interviendraient que des efforts exclusivement dirigés par la pensée claire, ce qui impliquerait que chaque travailleur ait lui-même à contrôler, sans se référer à aucune règle extérieure, non seulement l'adaptation de ses efforts avec l'ouvrage à produire, mais encore leur coordination avec les efforts de tous les autres membres de la collectivité. »

Ibid., p. 58

« La liberté véritable ne se définit pas par un rapport entre le désir et la satisfaction, mais par un rapport entre la pensée et l'action ; serait tout à fait libre l'homme dont toutes les actions procéderaient d'un jugement préalable concernant la fin qu'il se propose et l'enchaînement des moyens propres à amener cette fin.»

[76] *Gaston Bachelard, op. cit, p. 11*

«Donner et surtout garder un intérêt vital à la recherche désintéressée, tel n'est-il pas le premier devoir de l'éducateur, à quelque stade de la formation que ce soit ? »

« Le bonheur suprême sera la plus grande cause de misère, et la perfection de la sapience une occasion de folie ».[77]

Léonard de Vinci

---

[77] *Léonard de Vinci. Les carnets de Léonard de Vinci. I. Tel Gallimard.1987,C.A.29 v.a, p. 63*

Bibliographie

– *Aristote. Éthique de Nicomaque. Livre V Chapitre V. Flammarion,*
Paris, 1992

– *Agence du Don en Nature*
http://www.presse.ademe.fr/2014/04/don-en-nature.html

– *Hannah Arendt. Édition du Seuil. Le système totalitaire. Les*
origines du totalitarisme. Une société sans classes. Points.
Essais.1972

– *Gaston Bachelard (1934) La formation de l'esprit scientifique*
http://www.banrepcultural.org/blaavirtual/historia/memov1/memov6.
htm
https://fr.wikipedia.org/wiki/La_Formation_de_l%27esprit_scientifiq
ue

– *Biblioteca virtual Luis Ángel Arango. Explanada de Bogotá- Nación*
Muisca
http://www.banrepcultural.org/blaavirtual/historia/memov1/memov6.
htm

–*http://www.assemblee-nationale.fr/14/rap-info/i1085.asp*
COMMISSION DES AFFAIRES SOCIALES. La santé mentale et
l'avenir de la psychiatrie : rapport d'étape. Denys ROBILIARD,
Député.

– *René Descartes. Méditations métaphysiques. Méditation troisième.*
De Dieu ; qu'il existe
http://www.tc.umn.edu/~dbrewer/French8270/Descartes

– *René Descartes. Règles pour la direction de l'esprit.1628*
https://upload.wikimedia.org/wikisource/fr/a/ab/RDE.pdf

–*http://ec.europa.eu/eurostat/documents/2995521/6862112/3-*
03062015-BP-FR.pdf
Eurostat communiqué de presse euro indicateurs

–*http://www.europarl.europa.eu/news/fr/news-*
oom/content/20120118IPR35648/html/Il-est-urgent-de-
r%C3%A9duire-de-moiti%C3%A9-le-gaspillage-alimentaire-dans-
l'UE

– *Vivianne Forrester. L'horreur économique. Fayard.1996*

– *Sigmund Freud. (1926) : Le malaise dans la culture, Œuvres*
complètes, Presses universitaires de France (1999) Vol. XVIII

– *André Gorz. Capitalisme, Socialisme, Ecologie. Éditions*
Galilée.1991

– *Jean-Marie Harribey. LA RICHESSE LA VALEUR ET*
L'INESTIMABLE. Éditions Les liens qui libèrent.2013

– *Emmanuel Kant – La Religion dans les limites de la simple Raison*
(1794)

https://fr.wikisource.org/wiki/La_Religion_dans_les_limites_de_la_si
mple_raison/Troisi%C3%A8me_partie

*http://classiques.uqac.ca/classiques/kant_emmanuel/religion_limites_
raison/religion.html*

– *Emmanuel Kant. Fondements de la métaphysique des mœurs.
Deuxième partie. PASSAGE DE LA PHILOSOPHIE MORALE
POPULAIRE A LA METAPHYSIQUE DES MŒURS*

*http://classiques.uqac.ca/classiques/kant_emmanuel/fondements_meta
_moeurs/fondements.html*

– *Emmanuel Kant. Critique de la raison pure. Préface à la seconde
édition. Gallimard. Folio essais.1980.p.42*

– *Léonard de Vinci. Les carnets de Léonard de Vinci. I. Tel
Gallimard.1987*

– *Primo Lévi « Si c'est un homme ». Pavillon, Robert Lafont.*

– *La Nueva España. Año XXIII- Número 7.851. Oviedo, domingo, 6
de diciembre de 1959.*

–*http://www.lexpress.fr/actualite/monde/europe/le-danemark-depose-
un-projet-de-loi-pour-saisir-les-biens-de-valeur-des-
refugies_1747142.html*

– *Karl Marx. Le Capital. Livre I. Gallimard, La Pléiade, 1965*

– *Friedrich Nietzsche. Humain, trop humain. Gallimard.
Folio/essais.1988*

– *O.M.S
http://www.who.int/mediacentre/factsheets/fs178/fr/*

– *Marylène Patou-Mathis. Édition Odile Jacob. Préhistoire de la violence et de la guerre. Les origines de la guerre.2013*

– *Thomas Piketty. Le Capital du XXIe siècle. Éditions du Seuil 2013*

– *David Ricardo. Des principes de l'économie politique et de l'impôt http://classiques.uqac.ca/classiques/ricardo_david/principes_eco_pol /ricardo_principes_1.pdf*

– *Jean-Jacques Rousseau, Émile ou de l'éducation http://classiques.uqac.ca/classiques/Rousseau_jj/emile/emile_de_educ ation_1_3.pdf*

– *Joseph Schumpeter. Capitalisme, socialisme et démocratie .Payot 1961*

– *Adam Smith. Recherches sur la nature et les causes de la richesse des nations. http://classiques.uqac.ca/classiques/Smith_adam/richesse_des_nation s_extraits/richesse_nations_extraits.pdf*

– *Arthur Schopenhauer. Le Monde comme volonté et comme représentation. Livre Quatrième. Second point de vue. PUF.2009*

– *Simone Weil (1909-1943). Réflexions sur les causes de la liberté et de l'oppression sociale (1934). Paris: Éditions Gallimard, 1955*

– *Simone Weil. Écrits sur l'Allemagne 1932-1933. Rivage poche.2015*